논·술·세·계·대·표·문·학

14

그리스 로마 신화

이세린 엮음

H 훈민출판사

그리스 아테네 시의 전경 – 〈그리스·로마 신화〉에 의하면, 아테네는 아테나 여신이 세운 도시이다.

The Best World Literature

파르테논 신전 – 그리스 아테네의 아크로폴리스 언덕에 있다. 기원전 432년 페르시아와의 전쟁의 승리를 기념하기 위해 세워졌다.

인간에게 불을 훔쳐다 준 죄로 독수리에게 간을 쪼아 먹히는 프로메테우스

올림포스 산 – 만년설에 덮여 있는 최고봉의 모습이다. 고대 그리스 인들은 이 곳에 신들이 산다고 믿었다.

판도라의 상자 – 판도라가 상자를 열면서부터 인류의 재앙이 시작되었다.

제우스의 벌을 받는 아틀라스와 프로메테우스

제우스 신전

디오니소스의 야외극장

델포이의 아폴론 신전

The Best World Literature

장님이 된 오이디푸스와 그의 딸

곡식의 여신 데메테르의 딸 페르세포네가 지하 세계를
다스리는 하데스에게 잡혀가는 모습

구인환(丘仁煥)

서울대학교 사범대학 졸업. 동 대학원 졸업(문학박사)
서울대학교 명예교수, 소설가(현). 서울대학교 사범대학 국어교육연구소 소장(현)
문학과문학교육연구소 소장(현), 국제펜 한국본부 부회장(현)
한국소설문학상(1987), 예술문화대상(1994), 한국문학상(2000)
작품 〈숨쉬는 영정〉, 〈살아 있는 날들〉, 〈일어서는 산〉 외 다수

• **저서** 《한국단편소설의 이해》, 《한국현대소설의 비평적 성찰》,
《고교생이 알아야 할 소설》, 《고교생이 알아야 할 세계단편소설》 외 다수

윤병로(尹柄魯)

성균관대학교 국어국문학과 졸업. 동 대학원 졸업(문학박사)
성균관대학교 교수, 문학평론가(현). 한국현대소설학회장(현)
한국문예학술저작권협회 이사(현). 한국간행물윤리위원회 위원(현)
한국펜 문학상(1987), 한국문학상(1988), 대한민국문학상(1989)
수필집 《나의 작은 애인들》 외 다수

• **저서** 《현대 작가론》, 《한국 현대 소설의 탐구》,
《한국 근대 작가 작품 연구》, 《한국 현대 작가의 문제작 평설》 외 다수

홍성암(洪性岩)

고려대학교 국어국문학과 졸업. 한양대학교 대학원 국어국문학과 졸업(문학박사)
동덕여자대학교 교수, 소설가(현). 한국문인협회 회원(현)
한국소설가협회 이사(현), 국제펜 한국본부 소설분과 이사(현), 한민족 문화학회 회장(현)
창작집 《큰 물로 가는 큰 고기》, 《어떤 귀향》 외
대하역사소설 《남한산성》 (전9권) 외 다수

• **저서** 《문학의 이해》, 《현대 작가론》, 《한국 근대 역사소설 연구》 외 다수

기
획
·
감
수

바다의 신 포세이돈의 신전

논술 *세계대표문학*을 펴내며

    21세기의 사회는 **'전자 문명 시대'**라 일컬어질 만큼 오늘날 전자 산업은 우리 생활의 거의 모든 분야에 다양하게 응용되고 있습니다. 출판 분야 또한 예외는 아니어서, 종래의 서책(Book) 대신에 이른바 '전자책(CD-ROM)'의 출간이 최근 들어 날로 증가하고 있습니다.

    그러나 이러한 전자책은 영상 또는 모니터상으로 흥미 위주나 백과사전식 지식을 습득하는 데는 효과적일지 모르지만, 문학 공부를 위해서는 별로 도움이 되지 않습니다. 바꾸어 말하면, 문학 공부는 각 지면마다 살아 숨쉬는 표현 하나하나를 독자 자신의 머리로 음미하면서 작품을 읽어 나가는 가운데, 풍부한 상상력의 배양과 함께 작가의 의도와 그 작품의 내면을 깊이 있게 이해함으로써 이루어지는 것입니다.

    이에 훈민출판사에서는, 자라나는 학생들이 범람하는 영상 매체에 길들여지기 전에, 어려서부터 유명한 세계문학 작품들을 책자를 통하여 감명 깊게 읽고 감상함으로써, 올바른 문학 공부의 기틀을 다지고, 아울러 전인 교육도 할 수 있도록 《논술 세계대표문학(전60권)》을 펴내게 되었습니다.

    작품 선정은, 초·중·고등학교 국어 교과서와 역사 교과서에 실리거나 소개된 문학 작품을 중심으로 하되, 그리스 신화와 성경 이야기 등의 고전에서부터 중세·근대·현대에 이르기까지 세르반테스·셰익스피어·톨스토이 등 세계 유명 작가들의 장·단편 소설들을 엄선·수록하였습니다. 또 세계의 명시도 별권으로 엮었으며, 특히 각 단락마다 **'논술 문제'**를 제시하여, 장차 대학입시를 비롯한 각종 '논술 고사'에 예비 지식을 쌓을 수 있도록 배려하였습니다. 아무쪼록, 이 《논술 세계대표문학(전60권)》이 자라나는 학생들에게 문학 공부의 주춧돌이 되고, 나아가 미래를 살아가는 데 **정신적 자양분**이 되기를 진심으로 바라 마지않습니다.

차례

그리스・로마
신화

그리스 · 로마 신화

신들의 탄생

먼 옛날, 이 세상에 지금과 같은 모습을 한 것은 아무것도 없었다. 하늘은 투명하지 않았고, 땅은 딱딱하지 않았다. 또 바다는 지금처럼 물이 아니었다. 그러한 상태를 카오스(혼돈)라고 부른다.

얼마 후, 하늘과 땅과 바다가 나누어지기 시작했다. 신과 대자연이 손을 쓰기 시작했던 것이다. 불에 타고 있던 부분은 가장 가벼웠기 때문에 높이 올라가 하늘이 되었다. 하늘보다 조금 무거운 부분은 그 아래에 놓이게 되었다. 그리고 땅은 그 아래에 가라앉고, 물은 가장 낮은 곳으로 흘러 땅을 떠받치게 되었다.

그리고 어떤 신이 나타나 땅에 있는 것들을 정리했다. 그 후, 땅에는 높은 산과 맑은 샘물, 비옥한 논밭과 돌투성이 들판이 나타났다. 공기가 맑아지자 하늘에는 별들이 나타났고, 새들은 힘찬 날갯짓을 하며 날아다녔다. 바다에서는 물고기가 이리저리 헤엄쳐 다니고, 땅에서는 네발 달린 동물들이 뛰어다녔다.

차츰차츰 자리를 잡아가는 이 세상에 처음 나타난 신은, 바로 땅의 여신 가이아였다. 가이아의 주위에는 어둠의 여신 닉스, 지옥의 신 타르타로스, 낮의 신 헤메라가 있었다.

가이아는 온 땅을 품에 안으며 늘 생각했다.

'이 세상이 아름다운 것들로만 가득했으면 좋겠어.'

그래서 가이아는 하늘의 신 우라노스, 바다의 신 폰토스를 낳았다. 그 후, 온 세상은 아름다운 것들로 넘쳤다.

왕이 되어 세상의 모든 것을 다스리던 우라노스는 가이아와 결혼했다. 우라노스와 가이아 사이에는 티탄 열두 남매, 키클롭스 삼 형제, 헤카톤케이르 삼 형제가 태어났다. 티탄들은 몸집이 크고 무서운 힘을 가진 거대한 신들이었다. 키클롭스 삼 형제는 불과 천둥을 다스렸는데, 이마 한가운데에 눈이 하나 있었다. 그리고 헤카톤케이르 삼 형제는 팔이 100개나 있었는데, 산만큼 커다란 바위도 집어던질 만큼 힘이 셌다.

그러던 어느 날, 평화롭던 우라노스의 시대가 끝나는 사건이 일어났다. 티탄들과 헤카톤케이르들이 우라노스에게 몹시 무례하게 굴었던 것이다. 우라노스는 무척 화가 나서, 자신의 아이들을 무서운 지옥 타르타로스에 던져 버렸다.

"제발 아이들을 용서해 주세요. 당신은 저 아이들의 아버지가 아닌가요?"

가이아는 우라노스 앞에서 무릎을 꿇고 애원했다. 하지만 꽁꽁 얼어붙은 우라노스의 마음은 녹을 줄을 몰랐다.

"지금 내가 저 아이들에게 벌을 내리지 않으면, 분명히 나에게 도전할 것이오. 그러면 난 이 자리에서 쫓겨나겠지."

차가운 우라노스의 대답에 가이아도 화를 참을 수 없었다. 가이아는 타르타로스에 있는 아이들을 부추기기 시작했다.

"언제까지 이 캄캄한 지옥에 있겠느냐? 어서 나와서 너희 아버지를 누르고 이 세상을 차지하거라! 어서!"

"어머니, 어떻게 아버지께 그럴 수 있어요?"

"전 그럴 수 없어요. 아버지는 더 큰 벌을 내리실지도 몰라요."

티탄들은 우라노스가 두려워서 선뜻 나서지 못했다. 하지만 막내 크로노스의 눈에서는 빛이 뿜어져 나왔다.

"어머니, 제가 하겠어요. 제가 이 세상을 모두 가지겠어요! 하하하!"

크로노스는 우라노스가 더 이상 아이들을 낳을 수 없게 하고, 다시는 세상을 다스릴 수 없도록 만들었다.

"이제 내 세상이로구나! 저 땅도, 하늘도, 바다도 모두 내 것이야!"

아들에게 왕좌를 빼앗긴 우라노스는, 무서운 저주를 퍼부으며 물러났다.

"네 이놈! 감히 아버지에게 이런 짓을 해? 내게 한 것처럼 너도 똑같이 당하게 될 것이다! 반드시 그렇게 만들겠어!"

우라노스가 어떠한 저주를 퍼부어도, 크로노스는 신경도 쓰지 않았다. 세상을 다스릴 수 있게 된 것이 너무나 기뻐서, 다른 것은 생각할 겨를이 없었던 것이다.

"형님들, 누님들! 어서 나오셔서 저 좀 도와주세요!"

크로노스는 타르타로스에서 다른 티탄들을 꺼내 주었다. 그러나 헤카톤케이르 삼 형제는 그대로 두었다. 왜냐하면, 그들의 힘이 너무 두려웠기 때문이었다.

크로노스가 나쁜 방법으로 왕이 되었기 때문에, 온 세상은 불행에 휩싸이게 되었다. 밤의 여신 닉스는 크로노스를 벌주려고 죽음의 신 타나토스, 악몽의 신, 싸움의 신 에리스, 복수의 신 네메시스 등 무서운 신들을 많이 낳았다.

왕이 된 후, 크로노스는 불안감을 떨쳐 버릴 수 없었다. 아버지 우라노스의 저주가 항상 크로노스를 따라다녔기 때문이었다.

"절대 아이를 낳으면 안 돼. 이 자리를 빼앗길 수 없어!"

크로노스는 아내 레아가 아이를 낳을 때마다 한 입에 삼켜 버렸다.

크로노스가 다섯 아이들——헤라, 데메테르, 헤스티아, 포세이돈, 하데스를 삼켜 버린 후, 레아는 다시 아이를 갖게 되었다.

"이번만은 안 돼! 불쌍한 내 아기들."

레아는 여섯 번째 아이를 낳자, 크레타 섬의 높은 산속에 감추었다. 그리고 크로노스에게는 커다란 돌을 천으로 돌돌 싸서 주었다. 크로노스는 아무런 의심 없이 돌을 삼켰다.

올림포스의 신들

크레타 섬에서 자란 여섯 번째 아이가 바로 신들의 왕 제우스이다. 제우스는 신들과 요정들의 따뜻한 보살핌으로 무사히 어른이 되었다.

제우스는 아버지 크로노스를 몰아내기로 마음먹었다. 크로노스는 레아가 준 약을 먹고 다섯 아이들을 토해 냈다.

제우스와 다섯 형제들은 타르타로스에 갇혀 있는 키클롭스 삼 형제와 헤카톤케이르 삼 형제를 불러내어 자기 편으로 삼았다. 그리고 오랫동안 크로노스 편과 싸웠다. 결국 제우스의 형제들은 크로노스를 몰아내고 왕위를 차지하게 되었다. 모든 것이 우라노스의 저주대로 이루어졌던 것이다.

모든 싸움이 끝난 후, 제우스와 포세이돈, 하데스는 누가 어디를 지배할 것인지를 제비뽑기로 결정했다. 그 결과 제우스는 하늘을, 포세이돈은 바다를, 하데스는 땅속을 맡게 되었다. 그리고 지상과 올림포스는 세 신의 공동 구역으로 했다.

세 신은 자신들이 맡은 구역을 지키며, 절대로 다른 신의 구역은 간섭하지 않기로 했다. 그리고 제우스는 번개와 천둥, '아이기스'라는 방패를 가지고 있었다. 그 방패는 헤파이스토스가 제우스를 위해서 만든 것

이었다. 제우스는 독수리를 무척 아꼈는데, 독수리에게도 벼락을 가지고 있도록 했다고 한다. 포세이돈은 세 갈래 날이 선 창을, 하데스는 쓰면 온몸이 보이지 않게 되는 투구를 자신들의 표지로 삼기로 했다.

이 세 신 중 제우스는 하늘의 왕인 동시에 온 세상의 왕이 되었다. 그는 올림포스 산 꼭대기에 화려한 궁전을 마련했고, 다른 신들도 제우스의 신전 주위에 궁전을 마련했다. 신들은 제우스의 궁전에 모여서 암브로시아라는 음식을 먹고, 넥타르라는 술을 마셨다. 오직 신들만 먹을 수 있는 것들이었다. 그리고 무사이들의 음악과 시를 들으면서, 연회를 열기도 했다.

제우스는 신들의 여왕인 헤라와 결혼했다. 제우스와 헤라는 전쟁의 신 아레스, 대장장이 신 헤파이스토스를 낳았다. 또 제우스는 레토와의 사이에서 태양, 예언, 예술의 신인 아폴론과 수렵의 여신 아르테미스를, 메티스와의 사이에서 전쟁의 여신 아테나를, 마이아와의 사이에서 신들의 사자인 헤르메스를 낳았다.

제우스의 형제들과 자식들을 올림포스의 열두 신이라고 하는데, 그리스의 신들 중에서 가장 강한 힘을 가지고 있었다. 그 외에도 제우스와 세멜레 사이에서 태어난 디오니소스, 하데스의 아내가 된 페르세포네 등 사람들에게 존경을 받는 신들이 많이 있었다.

가정과 결혼의 여신 헤라는 큰 존경을 받았다. 헤라의 심부름꾼은 바로 아름다운 공작새였다. 그녀는 신성한 결혼이 더럽혀지는 것을 절대로 용서하지 못했다. 무지개의 여신 이리스는 헤라의 심부름을 맡아서 했다.

바다의 신 포세이돈은 폭풍우와 해일을 마음대로 일으키면서, 바다와 바닷속의 모든 것을 지배했다. 그는 바닷속 깊은 곳에 진주와 산호로 장식된 궁전을 짓고 살았다. 그는 늘 네 마리의 말이 끄는 전차를 타고 다녔는데, 날카로운 세 갈래 창을 휘두르며 상어와 괴물, 신들의 호위를 받으면서 파도 위를 빠르게 달리곤 했다.

하데스는 죽음의 나라의 왕이었다. 뱃사공 카론에게 돈을 주고 지옥의 강을 건너면, 머리가 셋 달린 개 케르베로스가 지키는 궁전이 있었다. 그 궁전에서 하데스는 아름다운 왕비 페르세포네와 살고 있었다. 페르세포네는 데메테르의 딸이었다.

대지의 여신 데메테르는 크로노스와 레아 사이에서 태어났다. 사람들에게 씨 뿌리는 법, 거두어들이는 법, 곡식의 보존법을 가르쳐 주었다. 그녀의 따뜻한 보살핌이 있을 때에, 온 세상에는 곡식들이 무르익고 나무들은 푸르게 빛을 낼 수 있었다.

화로의 여신 헤스티아는 마음이 따뜻한 여신이었다. 제우스의 궁전에는 열두 신들이 앉을 수 있는 의자가 있었다. 오직 열두 신만 앉을 수 있기 때문에, 의자는 열두 개뿐이었다. 어느 날, 제우스의 아들 디오니소스가 궁전에 왔을 때, 헤스티아는 주저하지 않고 자신의 자리를 양보했다. 그리고 그녀는 다른 신들은 모두 꺼리는 화롯가에 가서 앉았다.

술의 신 디오니소스는 제우스와 세멜레 사이에서 태어났다. 그는 술에 취하게 하는 힘과, 술이 사회에 미치는 좋은 영향까지도 상징한다. 그래서 그는 문명의 촉진자, 입법자, 그리고 평화의 신으로 여겨지고 있다.

쌍둥이인 광명의 신 아폴론과 수렵의 여신 아르테미스는 참으로 힘들게 태어났다. 이 쌍둥이 신들의 어머니인 레토는, 헤라의 미움을 받아서 아기 낳을 곳을 찾지 못했다. 온 세상을 헤맨 끝에 찾은 곳은, 델로스 섬이었다. 레토가 델로스 섬에서 쌍둥이를 낳은 후, 델로스 섬은 아폴론의 성지가 되었다.

아폴론은 은으로 만든 활이나 거문고를 가진 젊고 씩씩한 청년의 모습으로 그려졌다. 음악, 예언, 예술, 의술, 운동을 맡아 보았다. 아폴론은 파르나소스 산의 델포이라는 곳에서, 피톤이라는 큰 뱀을 죽인 일이 있었다. 그 후 그곳을 자기의 예언하는 장소로 정했는데, 그것은 그리스 사람들에게 널리 알려진 델포이 신탁의 시초가 되었다. 문예와 예술을 다스리는 아홉 명의 무사이들이 아폴론의 시중을 들고 있었다.

아폴론의 동생 아르테미스는 수렵을 맡아 보는 처녀신이었다. 늘 사슴을 데리고 사냥을 다녔는데, 결혼을 몹시 싫어했다. 시중을 드는 요정들이 결혼을 하면, 몹시 화를 내며 벌을 주곤 했다.

전쟁의 여신 아테나는 완전 무장을 하고, 제우스의 머릿속에서 태어났다. 아테나는 빛나는 투구를 쓰고 커다란 방패를 든 모습으로 그려지고 있는데, 그녀의 심부름꾼은 부엉이였고, 그녀에게 바쳐진 식물은 올리브였다.

아테나와 포세이돈은 아름다운 도시 아테네를 두고, 서로 차지하려고 다툰 적이 있었다. 포세이돈은 바닷물이 펑펑 솟는 샘을 아테네 사람들에게 선물했다. 하지만 아테네 사람들은 아테나의 선물인 올리브 나무를 훨씬 더 좋아했다. 아테네를 차지하게 된 아테나는, 아테네가 발전할수 있도록 온 힘을 쏟았다.

아름다움과 사랑의 여신 아프로디테는 우라노스의 살점이 바다에 떨어져서 태어났다. 그녀가 키프로스 섬에 도착하자, 계절의 여신들이 그녀를 맞아 주었다. 그리고 아름다운 옷을 입혀서 신들에게로 데리고 갔다. 신들은 아프로디테의 아름다움에 반해서, 모두 아내로 맞아들이고 싶어 했다. 그렇지만 제우스는 헤파이스토스가 번개를 잘 만든 것에 대한 상으로, 헤파이스토스에게 아프로디테를 주었다.

그녀는 케스토스라는 띠를 가지고 있었다. 이 띠는 상대방의 사랑을 불러일으키는 힘을 가지고 있었다. 아프로디테가 아끼는 새는 백조와 비둘기였고, 그녀에게 바쳐진 꽃은 장미와 도금양이었다.

아프로디테의 아들인 사랑의 신 에로스는 사랑과 미움이라는 화살을 두 개 갖고 있었다. 사랑의 화살을 맞으면 누군가를 사랑하게 되고, 미움의 화살을 맞으면 누군가를 미워하게 되었다. 에로스의 형제로 안테로스라는 신이 있었다. 아프로디테는 에로스가 늘 어린애 상태로 있는 것이 걱정되어서, 테미스에게 하소연했다. 그러자 테미스는 에로스에게 동생이 태어나면 자랄 수 있다고 했다. 얼마 후, 안테로스가 태어나자 에로스는 점점 자랐다고 한다.

날개가 달린 신발을 신고, 뱀이 친친 감긴 지팡이를 들고 하늘을 날아다니는 헤르메스는 제우스의 시중을 드는 신이었다. 그는 제우스와 마이아 사이에서 태어났다. 그는 제우스의 명령을 전하기 위해서 언제나 바쁘게 다녔다. 헤르메스는 죽은 사람의 영혼을 지옥으로 안내하기도 했고, 또 도둑의 대장으로 유명했다. 또 그는 장사, 레슬링 같은 경기에까지 힘을 미쳤다.

헤르메스는 리라를 발명하기도 했다. 어느 날, 그는 거북을 한 마리 발견했는데, 그 껍질을 벗겨서 양쪽에 구멍을 뚫고, 아마실을 꿰어서 리라를 완성했다. 현이 아홉 줄인 것은, 아홉 명의 무사이 여신에게 존경심을 표현하기 위해서였다. 헤르메스는 이 리라를 아폴론에게 주었고, 그 대답으로 뱀이 감겨 있는 케리케이온 지팡이를 받았던 것이다.

헤파이스토스는 대장장이 신이었다. 올림포스의 화려한 궁전들은 모두 그의 작품이었다. 외눈박이 키클롭스를 조수로 둔 헤파이스토스는, 제우스의 벼락을 만들기도 했다. 헤파이스토스는 신들에게 황금 구두를 만들어 주었는데, 그 구두를 신으면 하늘이나 물 위에서도 걸을 수 있었고, 빠르게 이곳 저곳을 옮겨다닐 수 있었다.

그런데 헤파이스토스는 아버지 제우스와 어머니 헤라의 싸움을 말리다가, 하늘에서 떨어져서 절름발이가 되었다. 그는 하루 종일 떨어지다가 렘노스 섬에 도착했는데, 그 후 렘노스 섬은 그의 성지가 되었다. 그때 바다의 여신 테티스의 정성스러운 간호로 살아났는데, 헤파이스토스는 나중에 테티스의 아들 아킬레우스에게 훌륭한 무기를 만들어 주어서 그 은혜를 갚았다.

전쟁의 신 아레스는 전쟁이 일어나기만 하면, 언제든지 맨 앞에 나서서 싸웠다.

무사이 여신들은 제우스와 므네모시네 사이에서 태어났다. 무사이 여신들은 모두 아홉이었는데, 문화 · 예술 · 과학 등을 맡고 있었다. 칼리오페는 서사시, 클레이오는 역사, 에우데르페는 서정시, 멜포메네는 비극, 테릅시코레는 합창대의 춤과 노래, 에라토는 연애시, 폴리힘니아는 찬가, 우라니아는 천문학, 탈레이아는 희극을 맡았다.

에우프로시네, 아글라이아, 탈레이아로 이루어진 미의 여신들은, 향연과 무용, 사교적인 모든 환락과 예술을 맡았다. 클로토, 라케시스, 아트로포스로 이루어진 운명의 여신은 운명의 실을 짰다. 또 큰 가위를 가지고 있다가, 그 실을 잘라 버리기도 했다. 그녀들의 어머니 테미스는 제우스의 옆에서 상담을 하곤 했다.

머리카락이 뱀으로 되어 있는 복수의 여신 에리니스는 알렉토, 티시포네, 메가이라로 이루어져 있었다. 그들은 정의의 재판을 피하거나, 경멸하는 사람들의 죄를 눈에 보이지 않는 바늘로 벌했다. 이 셋을 합해서 에우메니데스라고 부르기도 했다.

네메시스도 복수의 여신이었다. 그녀는 신들이 거만한 사람과 불손한 사람에 대해서 갖는 분노를 상징한다. 아르카디아에 사는 판은 가축과 목자의 신이었다. 사티로스는 숲과 들의 신들이었다. 그들은 온몸이 딱딱한 털로 덮여 있고, 머리에는 짧은 뿔이 있고, 다리는 산양의 다리와 같았다.

모모스는 웃음(비난·비웃음)의 신이었고, 플루토스는 부의 신이었다.

인간의 탄생

세상은 제자리를 찾아가기 시작했다. 산도, 골짜기도, 숲도 제 역할을 했고, 온 땅에는 동물들이 뛰어 놀았다. 하지만 신들은 새로운 것을 원했다.

"흠, 지금 있는 동물들보다도 더 훌륭한 동물이 필요해."

어느 날, 신들은 프로메테우스(먼저 생각하는 사람)와 동생 에피메테우스(나중에 생각하는 사람)를 불렀다.

프로메테우스는 제우스 형제들에게 멸망을 당한 거신들 중의 한 신으로, 지혜가 무척 뛰어났다. 프로메테우스는 정성껏 흙을 반죽해서, 신과 비슷한 인간을 만들었다.

"너희들에게는 똑바로 서서 걸을 수 있는 능력을 주겠다."

인간이 다른 동물과 달리 서서 걸을 수 있는 것은, 바로 프로메테우스 덕분이다.

프로메테우스와 에피메테우스는, 인간과 동물들이 살아가는 데 필요한 능력을 하나씩 주기로 했다.

"자, 에피메테우스, 이 인간들과 동물들이 잘 살아나갈 수 있도록 선물을 하나씩 주도록 해."

에피메테우스가 그 일을 하면, 프로메테우스는 하나하나 점검하고 감독하는 일을 맡았다.

에피메테우스는 새들에게는 어디든지 날 수 있는 날개를, 짐승들에게는 단단한 이빨과 튼튼한 다리를, 벌레들에게는 몸을 보호할 수 있는 독침을 주었다.

이제 인간들에게 선물을 줄 때가 되었다. 그런데 동물들에게 모두 주어 버렸기 때문에, 인간에게 줄 것이 아무것도 남아 있지 않았다. 당황한 에피메테우스는 프로메테우스를 찾아갔다.

"형님, 큰일났어요. 인간들에게는 몸을 보호하는 털도 없고, 가죽도 없어요. 또 두 발로 휘청거리면서 걷기까지 해요. 인간들에게 줄 것이 없을까요?"

약하디약한 인간들은 추위와 싸우며, 동물들의 습격을 피해 동굴에 숨어 있었다. 잠시 생각하던 프로메테우스는 하늘로 날아올라갔다. 그리고 곧장 제우스를 찾아갔다.

"제우스 신이시여, 저 인간들이 불쌍하지 않습니까? 하늘의 불을 조금만 나누어 주십시오."

프로메테우스는 제우스에게 간절하게 부탁했지만, 제우스는 단번에 거절했다.

'인간들이 불을 가지면, 이 세상 어떤 것보다도 강해질 거야. 그럼 내 자리도 위험해.'

제우스는 인간들이 두려웠던 것이다.

잔뜩 실망해서 제우스의 궁전을 나온 프로메테우스는, 태양신의 전차를 보게 되었다.

'옳지! 좋은 방법이 있다.'

프로메테우스는 가지고 있던 향나무 꽃술에, 몰래 불씨를 옮겨서 땅으로 돌아왔다.

"자, 이 불을 받아라! 이 불은 너희들이 살아가는 데 있어서 꼭 필요한 소중한 것이다."

인간들은 무척 기뻐하며 불을 받았다. 불은 인간들에게 커다란 도움을 주었다.

불을 사용하게 된 인간들은, 동물들과 다른 뛰어난 존재가 될 수 있었다. 쇠를 불에 달구어 날카로운 무기를 만들었고, 그 무기로 다른 동물을 정복했다. 농기구를 만들어서 농사를 짓기도 했고, 불을 무서워하는 짐승들을 길들여서 농사에 이용하기도 했다. 또 불을 피워서 따뜻하게 지낼 수 있게 되었다. 그리고 수많은 기술을 개발했으며, 화폐를 만들기도 했다.

인간들은 점점 더 강해졌고, 그 수도 많아졌다.

어느 날, 제우스가 인간들의 모습을 보게 되었다.

"저런 건방진 놈! 감히 나를 속여?"

제우스는 프로메테우스가 미워서 참을 수 없었다. 그래서 프로메테우스를 잡아다가 바위산 코카서스에 쇠사슬로 묶어 놓았다. 그리고 하루에 한 번씩 큰 독수리가 날아와서, 프로메테우스의 간을 쪼아먹게 했다. 그 간은 다음 날이면 새로 돋아서, 프로메테우스는 끔찍한 고통을 계속해서 당해야 했다.

이 고통은 프로메테우스가 제우스에게 복종하면 끝날 수도 있었다. 프로메테우스는 제우스가 안전하게 왕위를 지킬 수 있는 방법을 알고 있었기 때문이다. 그 사실을 제우스에게 알려주었다면 끔찍한 벌은 피할 수 있었겠지만, 프로메테우스는 그런 짓을 싫어했다. 프로메테우스의 이러한 고통은 나중에 헤라클레스의 도움을 받아서 끝나게 된다.

제우스는 프로메테우스를 벌주는 것만으로는 화가 풀리지 않았다. 그래서 무엇이든 척척 만들어 내는 대장장이 신 헤파이스토스를 불렀다.

"헤파이스토스, 여자를 한 사람 만들어라! 서둘러!"

헤파이스토스가 만든 여자는 이 세상 그 누구보다도 아름다웠다. 신들은 그 여자에게 선물을 한 가지씩 주었다.

아테나는 생명을 불어넣어 주고, 아프로디테는 아름다움을, 헤르메스는 설득력을 주었다. 그리고 아폴론은 음악을 가르쳐 주었다. 다른 신들도 새로 태어난 여자에게 많은 선물을 주었다.

이렇게 해서, 그 여자의 이름은 판도라(모든 선물을 받은 여자)가 되었다.

마지막으로 제우스는 판도라에게 상자를 하나 주었다.

"판도라, 이 상자는 무슨 일이 있어도 열어 보면 안 된다. 상자 뚜껑이 열리는 날엔 이 세상이 불행해질 거야."

제우스는 판도라에게 몇 번이고 다짐을 받은 후, 프로메테우스의 동생 에피메테우스에게 시집을 보냈다.

프로메테우스는 앞일을 훤히 아는 신이었다. 그는 제우스의 선물로 인해서 큰일이 벌어질 것이라는 걸 알고 있었다. 그래서 동생 에피메테우스에게 수도 없이 주의를 주곤 했다. 하지만 에피메테우스는 판도라의 아름다운 모습을 보는 순간, 프로메테우스의 이야기는 까맣게 잊고 판도라를 아내로 맞았다.

어느 날, 판도라는 집에 혼자 남게 되었다. 심심해진 판도라는 제우스가 준 상자를 떠올렸다. 제우스의 선물에는 '호기심'이라는 것이 하나 더 있었던 것이다.

"이 안에 뭐가 들어 있길래 열어 보지 말라는 걸까? 어디 살짝 열어 볼까?"

판도라는 상자 뚜껑을 조금 열었다. 그러자 그 안에서는 연기와 같은 것이 뭉게뭉게 피어올랐다. 그것은 미움, 슬픔, 고통, 무서움, 의심 등 마음의 병과 몸의 병을 가져다 주는 무서운 것이었다. 깜짝 놀란 판도라는 얼른 상자 뚜껑을 닫았다. 그러나 이미 상자에 있던 것은 거의 날

아가 버리고, 오직 한 가지만 남게 되었다. 그것은 '희망'이었다. 그래서 인간들은 어떠한 고통을 당하더라도, 희망을 잃지 않고 살 수 있는 것이다.

판도라의 상자가 열린 후, 인간 세계는 어지러워지기 시작했다. 서로 미워하고, 헐뜯고, 싸우고, 도둑들은 제 세상을 만난 듯 날뛰었다. 제우스는 이런 인간들의 모습에 몹시 실망했다.

"이대로 둘 수 없어. 새로운 세상을 만들어야겠다."

제우스는 신들을 모아 놓고 자신의 계획을 이야기했다. 그리고 벼락을 던져 세상을 불바다로 만들려고 했다.

"제우스, 땅에 불이 붙으면 하늘까지도 뜨거워질 거예요. 그러면 우리도 무사하지는 못해요. 다른 방법을 생각해 봐요."

"그럴 수도 있겠군요. 그렇다면 물바다로 만들겠어요."

제우스는 포세이돈의 도움을 받아 온 세상에 물을 쏟아부었다. 포세이돈은 강을 범람하게 하고, 땅을 뒤흔들 지진을 일으켰다. 그리고 바닷물을 거꾸로 보내서 바닷가를 덮치게 했다. 사람들, 동물들은 모두 떠내려가고, 집도 신전도 모두 물에 잠겼다. 눈앞에 보이는 것은 오직 물뿐이었다.

나뭇가지 사이로 물고기들이 헤엄치고, 양들이 풀을 뜯던 들판에서는 물개들이 뛰놀았다. 용맹을 떨치던 사자와 호랑이는 물 속에서 허우적댔다. 쉴 곳을 찾지 못한 새들은 그대로 물에 빠져 죽고 말았다. 겨우 살아남았던 생물들은 먹이를 찾지 못해 곧 굶어죽었다.

제우스의 이 계획을 알아챈 신은, 앞일을 바로 알 수 있는 프로메테우스였다. 프로메테우스는 아들 데우칼리온에게 제우스의 계획을 알려 주고, 어떻게 대처해야 하는지 가르쳐 주었다. 데우칼리온은 아내 피라와 힘을 합해서 튼튼한 배를 만들기 시작했는데, 피라는 판도라의 딸이었다.

배가 완성되었을 때, 이 세상은 무시무시한 먹구름으로 뒤덮였다. 데우칼리온과 피라는 그 물난리 속에서 살아남은 유일한 사람이었다. 땅위의 모든 것을 없애려던 제우스였지만, 데우칼리온과 피라가 신들을 잘 모시고, 흠 잡을 데 없이 살아왔던 것을 알기 때문에 그들을 살려 주기로 했다.

"자, 이제 됐다! 북풍아, 구름을 쫓아 버려라! 그리고 하늘에서는 땅이, 땅에서는 하늘이 보이도록 하거라."

포세이돈도 아들 트리톤에게 소라 고동을 불며 명령했다.

"바다도, 강도 제자리로 돌아가도록 해라!"

파도가 잠잠해지고 하늘이 맑아지자, 데우칼리온과 피라는 파르나소스 산의 꼭대기에 내렸다.

무서운 폭풍우 속에서도 살아남은 데우칼리온과 피라는 신께 감사 기도를 올렸다. 하지만 단둘만이 살아남은 사실에는 슬퍼하지 않을 수 없었다.

"피라, 우리에게 아버지(프로메테우스)와 같은 능력이 있다면 얼마나 좋을까? 이 넓은 곳에 우리 둘만 있으니 너무나 외로워. 앞으로 우리가 어떻게 해야 하는지 저 신전에 가서 물어 보자구."

물난리를 겪은 신전은 더럽혀져 있었다. 여기저기 이끼가 깔려 있고, 불타던 성화도 꺼진 지 오래였다. 그렇지만 데우칼리온과 피라는 테미스 여신에게 온 마음을 다해 기도했다.

"여신이시여! 어떻게 하면 저희 힘으로 인류를 일으킬 수 있겠습니까?"

그러자 테미스 여신이 신탁을 내려 주었다.

"머리에 베일을 쓰고 옷을 벗어라. 그리고 너희 어머니의 뼈를 등뒤로 던져라."

데우칼리온과 피라는 신탁을 듣고 놀라지 않을 수 없었다.

"어떻게 어머니의 뼈를 던진단 말입니까? 저희는 그런 일을 할 수 없습니다!"

피라는 테미스 여신에게 소리쳤다. 그리고 두 사람은 신탁의 뜻에 대해서 생각했다.

"숨겨진 뜻이 있을 거야."

"무슨 뜻일까?"

"대지의 어머니가 누구지?"

데우칼리온과 피라는 한참동안 생각하고 또 생각했다. 얼마 후, 데우칼리온이 입을 열었다.

"내 생각이 맞다면 우리는 불효를 저지르지 않고 신탁에 따를 수 있을 거야. 대지는 만물의 어머니잖아. 그렇다면 어머니의 뼈는 돌이 될 거야. 그 뜻이 아니라면 할 수 없지만, 일단 돌을 던져 보기로 하자."

데우칼리온과 피라는 베일로 얼굴을 가리고 옷을 벗었다. 그리고 돌을 주워 들고 등뒤로 던지기 시작했다. 그러자 돌은 말랑말랑해지면서 사람의 모습을 나타내기 시작했다. 돌에 붙어 있던 축축한 진흙이 살이 되었고, 딱딱한 부분은 뼈가 되었다. 그리고 돌의 결은 혈관이 되었다.

"피라, 저기 좀 봐. 내 말이 맞았어!"

"어서 던져요. 더 많은 사람들이 나올 수 있도록 말이에요."

데우칼리온이 던진 돌은 남자로, 피라가 던진 돌은 여자로 변했다. 이렇게 해서 세상에 나온 인간들은 튼튼했고, 일을 무척 잘했다.

아폴론과 다프네

어느 날, 아폴론은 사랑의 신 에로스가 활을 갖고 있는 것을 보게 되었다. 피톤을 물리치고 자신감이 하늘을 찌를 듯했던 아폴론은 에로스를 살살 놀리기 시작했다.

"하하하! 이 녀석아, 인간들을 놀리는 것이 무슨 재미가 있냐? 나는 어떤 동물이든지 화살 하나면 잡을 수 있고, 또 어떤 병이든 화살 하나로 퍼뜨릴 수 있단 말이다!"

아폴론은 계속해서 에로스를 놀려 댔다.

"흥, 당신은 다른 모든 것을 맞히겠지만, 나는 당신을 맞힐 거예요!"

에로스는 보란 듯이 높은 산봉우리로 날아올라갔다. 그리고 화살 두 개(사랑의 화살과 미움의 화살)를 꺼냈다. 사랑의 화살은 뾰족한 금화살촉으로 되어 있고, 미움의 화살은 무딘 납화살촉으로 되어 있었다.

그 때 에로스는 시냇가에서 놀고 있는, 강의 신 페네이오스의 딸 다프네를 보게 되었다. 에로스는 다프네를 향해 가만히 활을 들고, 미움의 화살을 쏘았다. 그 다음에는 아폴론의 가슴 깊이 사랑의 화살을 쏘았다.

"어디 한번 당해 보라지!"

그 후 아폴론은 다프네를 무척 사랑하게 되었다. 다프네가 가는 곳이면 어디든지 따라다녔고, 다프네의 사랑을 받고 싶어했다. 하지만 다프네는 사랑이라는 것에는 전혀 관심이 없었다. 그녀에게는 사냥을 하는 것이 유일한 즐거움이었다. 많은 남자들이 그녀의 사랑을 받고 싶어 했지만, 그녀는 매몰차게 거절하곤 했다.

어느 날, 페네이오스는 다프네에게 말했다.

"다프네, 너도 이제 결혼을 해야 하지 않겠니? 아버지는 늠름한 사위도 보고 싶고, 너를 닮은 귀여운 손자도 보고 싶단다."

그러자 다프네는 얼굴이 붉어지며 페네이오스에게 말했다.

"아버지, 저는 아르테미스처럼 결혼하지 않고, 언제까지나 처녀로 살고 싶어요. 허락해 주실 거죠?"

"그렇다면 할 수 없구나. 하지만 너처럼 아름다운 아이가 언제까지나 처녀로 지낼 수는 없을 거야."

페네이오스는 떨떠름하게 말했다.

아폴론은 다프네가 아무리 피해 다녀도 포기하지 않고, 다프네를 따라다녔다. 다프네는 잡힐 듯 잡힐 듯 하면서도 잡히지 않았다. 오히려 더 빠르게 달아나기만 했다.

"다프네, 나를 피하지 마! 나는 너를 사랑하기 때문에 이렇게 따라다니는 거야. 그렇게 빨리 달리다가 넘어지면 어떡하니? 내가 천천히 따라갈 테니까, 그렇게 빨리 달리지 않아도 될 거야. 응? 예언에도, 의술에도, 활쏘기에도 나를 따를 자가 없는데, 너에게서 받은 사랑의 상처는 도저히 고칠 방법이 없구나. 그 조그만 에로스의 화살에 이렇게 당하고 말다니……."

힘이 빠져 버린 다프네는 냇물의 신인 아버지를 애타게 부르기 시작했다.

"아버지, 제발 저를 도와주세요. 땅을 열어서 저를 숨겨 주세요. 만약에 제가 아름다워서 이런 일을 당하는 거라면, 저를 다른 모습으로 바꿔 주세요. 부탁해요!"

다프네의 말이 끝나기도 전에, 다리는 점점 굳어지고 무릎 위에서부터 가슴까지 나무껍질이 친친 감기기 시작했다. 바람에 휘날리던 아름다운 머리카락은 나뭇잎으로, 가냘픈 두 팔은 나뭇가지로, 재빨리 달리던 두 다리는 나무 뿌리가 되어 땅 속으로 들어갔다. 다프네는 월계수 나무가 되고 말았던 것이다.

아폴론은 너무 놀라 그 자리에 멈추었다. 그는 나무를 가만히 쓰다듬었다. 나무껍질 안에서 그녀의 몸이 부르르 떨고 있었다. 아폴론은 가지를 껴안고 힘껏 키스하려고 했다. 그렇지만 나무는 몸을 떨며, 그의 입술을 피해 버렸다.

아폴론은 슬픔에 잠겨 말했다.

"다프네, 내 아내가 될 수 없다면 내 나무가 되어 주렴. 나는 네 아름다움을 영원히 간직하기 위해서, 네 잎을 엮어서 머리에 쓸 거야. 그리고 리라와 화살통도 네 잎으로 장식할게. 영웅들이나 경기에서 이긴 사람들에게도 월계관을 씌워 줄 거야. 그리고 너는 언제나 푸를 것이고, 네 잎은 시들지 않을 거야. 마지막으로 이것만은 허락해 줄 수 있니?"

그러자 마치 대답이라도 하듯이, 월계수 나무는 가지를 숙여 주었다. 그 후, 그리스에서는 전쟁에서 이긴 영웅들과, 경기에서 이긴 선수들에게 월계관을 씌워 주면서 칭찬하고 있다.

질투의 여신 헤라와 이오, 칼리스토

밝은 태양이 온 땅을 비추던 어느 날, 갑자기 날이 어두워졌다.

'제우스가 또 이상한 짓을 하나 보군.'

헤라는 남편 제우스가 떳떳하지 못한 일을 하느라, 세상을 구름으로 가린 것이라고 생각했다. 헤라는 구름 사이로 제우스가 맑은 강가에 있는 것을 보게 되었다. 그 곁에는 아름다운 암송아지 한 마리가 있었다.

'저 송아지 속에 님프가 있을 거야.'

헤라는 서둘러서 제우스에게로 갔다.

"여보, 참 예쁜 송아지네요. 어떤 혈통인가요?"

"어, 새로 만들어진 송아지야."

"그래요? 저에게 선물로 주시면 안 돼요?"

"저, 그게 말이야……."

"왜요? 안 돼요?"

"아, 아니……. 이제 이 송아지는 당신이 갖도록 해요."

제우스는 어쩔 수 없이 허락했다.

그 송아지는 강의 신 이나코스의 딸 이오였다. 제우스는 이오와 함께 있다가 헤라가 가까이 오는 것을 알아차리고, 이오를 송아지의 모습으로 바꾸었던 것이다.

'정말 송아지일까? 아니야, 분명히 님프일 거야.'

의심을 풀지 못한 헤라는 송아지를 아르고스에게 보냈다.

"아르고스, 아무데도 도망치지 못하도록 철저하게 감시해!"

아르고스는 눈이 백 개 달린 괴물이었다. 그는 눈을 두 개만 감고 잠을 잤기 때문에, 끊임없이 감시를 할 수 있었다. 아르고스는 낮에는 이오가 넓은 들판을 뛰어다니도록 내버려두었지만, 밤이 되면 목덜미를 끈으로 묶어 두었다.

'아, 답답해!'

이오는 아르고스에게 끈을 풀어달라고 소리쳤다.

"음메, 음메!"

하지만 그녀의 입에서 나오는 소리는, 소의 울음소리로 들릴 뿐이었다.

어느 날, 이오의 아버지와 자매들이 그 곁을 지나가게 되었다.

"참, 아름다운 송아지로구나!"

이오의 아버지는 송아지의 등을 쓰다듬었다.

"내 딸 이오는 어디에 있을까?"

이오의 아버지는 눈물을 흘리며 딸을 그리워했다.

'아버지, 이오가 여기 있어요. 제가 이오란 말이에요.'

이오는 큰 소리로 외쳤지만, 울려 퍼지는 소리는 소의 울음소리였다. 이오의 아버지는 이오에게 풀을 한 다발 먹여 주었다. 이오는 아버지의 손을 핥으며, 자신이 이오임을 알리려고 했다. 이오는 발굽으로 모래 위에 자기 이름을 썼다. 이오의 아버지는 글씨를 알아보고 이오의 목을 끌어안았다.

"이오, 네가 왜 이렇게 되었단 말이냐? 내가 얼마나 찾아 헤맸는데……."

이오의 아버지는 눈물을 참을 수가 없었다.

"차라리 너를 아주 잃는 편이 나았을지도 모르겠구나."

이오의 아버지는 이오를 끌어안고 그 곁을 떠나지 않았다.

"뭐가 이렇게 시끄러워?"

아르고스는 이오를 데리고 가 버렸다. 그리고 높은 언덕 위에 앉아서 이오를 감시했다.

'불쌍한 이오, 나 때문에 저렇게 고통받는구나.'

제우스는 슬픈 마음으로 이오를 지켜보았다.

'이오를 구해 주자.'

제우스는 헤르메스를 불러 아르고스를 물리치라고 명령했다. 날개 달린 신발을 신고, 모자를 쓰고, 잠이 오게 하는 지팡이를 짚은 헤르메스는 서둘러 아르고스의 곁으로 달려갔다.

헤르메스는 양치기로 변장하고, 피리를 불면서 아르고스의 곁으로 갔다.

"그것은 무슨 악기냐? 처음 보는구나."

"이것은 시링크스라고 하는 피리입니다. 소리가 무척 좋지요?"

"가까이 오게. 여기는 풀이 많아서 양치는 데에는 그만이야. 자, 시원한 그늘로 와서 쉬게."

헤르메스는 아르고스와 이야기를 나누면서, 날이 어두워지기를 기다렸다. 곧, 세상은 어둠에 잠겼다. 헤르메스는 잔잔한 곡을 연주하며, 아르고스의 눈을 잠들게 하려고 했다. 하지만 그것은 소용없는 일이었다. 백 개나 되는 눈을 한꺼번에 잠들게 하는 일이란 쉬운 일이 아니었기 때문이었다.

'이놈은 왜 이렇게 눈이 많은 거야?'

헤르메스는 다른 방법을 생각해 내야 했다. 그 사이 아르고스가 헤르메스에게 물었다.

"그런데 그 피리는 어떻게 생겨난 거냐?"

"음, 옛날에 시링크스라는 님프가 있었답니다. 숲에 사는 사티로스와 많은 님프들이 그녀를 사랑했지만, 시링크스는 오직 아르테미스만을 숭배했어요. 사냥을 하는 시링크스의 모습은 아르테미스만큼 아름다웠지요. 어느 날, 사냥에서 돌아오던 시링크스는 판을 만나게 되었어요. 시링크스에게 반한 판은 어떻게 해서든 시링크스의 사랑을 얻어 내려고 했지요. 하지만 시링크스는 판을 피해 달아날 뿐이었습니다. 판이 시링크스를 따라잡을 만큼 가까이 왔을 때, 시링크스는 물의 님프에게 살려달라며 도움을 청했어요. 판이 시링크스의 목을 껴안자, 시링크스는 갈대로 변하게 되었답니다. 판이 슬퍼하며 시링크스를 부르짖었어요. 그러자 놀라운 일이 일어났답니다. 갈대 속에서 슬픈 멜로디가 퍼져 나왔거든요. 판은 갈대라도 자기의 것으로 만들겠다면서, 갈대 몇 개를 꺾었어요. 그리고 길이가 다른 것들을 합해서 피리를 만들었지요. 그래서 그 피리의 이름이 시링크스가 된 것이랍니다."

그런데 이 이야기가 모두 끝나기도 전에, 아르고스의 눈은 모두 감겼다. 헤르메스는 때를 놓치지 않고 아르고스의 목을 베어 버렸다.

"불쌍한 아르고스!"

헤라는 아르고스의 눈들을 빼서 공작의 꼬리에 달았다. 지금까지도 남아 있는 공작의 화려한 장식은 바로 아르고스의 눈이었던 것이다.

"절대 이대로 물러서지 않겠다!"

헤라의 마음은 더욱더 차가워졌다. 그녀는 이오에게 등에 한 마리를 보냈다. 이 등에는 이오가 가는 곳이면 어디든지 따라다녔다. 이오는 등에를 피해 바다를 건너기도 하고(그 바다는 이오니아 해라고 이름지어졌다.), 일리니아 평야를 지나고, 하이모스 산을 넘어, 트라키아 해협을 건넜다(소가 건넜다고 하여 이 해협을 보스포루스라 부르게 되었다.). 그리고 그녀는 스키타이를 지나서, 키메리아 인이 사는 나라를 돌아다니다가 나일 강 기슭까지 오게 되었다.

"헤라, 절대 이오를 만나지 않겠소. 약속하오."

"정말이죠? 믿어도 되는 거예요?"

"그럼! 그렇고말고! 다시는 이오를 쳐다보지도 않겠소."

그 말을 들은 헤라는 이오를 원래의 모습으로 되돌려 주기로 했다. 그러자 이오는 몸에서 털이 빠지고, 뿔이 없어지면서 눈이 점점 가늘어지고, 입이 작아졌다. 앞발에 손과 손가락이 생기고, 송아지의 모습이 모두 사라졌다. 온갖 고생을 하던 이오는 아름다운 모습을 되찾고, 다시 가족들의 품으로 돌아갈 수 있었다.

제우스와의 사랑 때문에 고통 받았던 사람이 또 있었다. 그녀의 이름은 칼리스토였다.

헤라는 칼리스토에게 다가갔다.

"내 남편의 마음을 빼앗아 간 너의 그 아름다움을 없애 주겠다!"

칼리스토는 용서를 빌려고 무릎을 꿇고 팔을 내밀었다. 그런데 그녀의 팔에서 검은 털이 나기 시작했다. 둥근 손에서 구부러진 손톱이 돋아나면서 곰의 앞발이 되었다. 제우스가 늘 칭찬하던 아름다운 입은 무서운 소리를 지르는 곰의 입으로 변했다.

칼리스토는 늘 앞다리를 들고 서서 용서를 빌었다. 하지만 그것만으로 헤라의 화가 풀어질 수 없었다.

밤이 되면 칼리스토는, 전에 늘 다니던 곳으로 내려왔다. 깜깜한 숲에 혼자 있는 것이 무서웠던 것이다. 하지만 그녀는 함께 다녔던 사냥개에게 쫓기고, 사냥꾼들에게 잡힐까 봐 도망쳐야 했다. 그리고 자신이 곰이 되었다는 것을 잊은 채 다른 짐승을 피하기도 했다.

어느 날, 한 젊은이가 숲에서 칼리스토와 마주쳤다.

"내 아들, 아라카스야, 엄마야. 엄마를 모르겠니?"

칼리스토의 외침은 곰의 소리로 들릴 뿐이었다. 칼리스토는 아들을 안으려고 팔을 벌리고 다가갔다. 놀란 젊은이는 칼리스토를 창으로 찌르려고 했다.

'저런 일은 일어나서는 안 돼!'

그 모습을 보게 된 제우스는 둘을 하늘로 올려서 별자리로 만들어 주었다. 그 별자리가 바로 큰곰자리와 작은곰자리이다.

그 사실을 알게 된 헤라는, 자신을 키워 준 대양의 신 테티스와 오케아노스를 찾아갔다.

"오, 헤라! 무슨 일로 이 곳까지 왔니?"

"신들의 여왕인 제가 지금은 그 자리에서 밀려나게 되었어요. 저 하늘을 보세요. 북극 하늘의 가장 작은 별자리에, 내가 가장 싫어하는 칼리스토가 아들과 함께 올라가 있어요. 나에게 벌을 받던 자가 이런

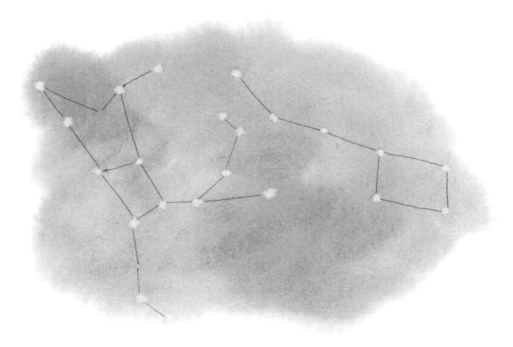

영광을 누린다면, 앞으로 그 누가 나를 두려워하겠어요? 차라리 이오
처럼 원래의 모습으로 돌려 주는 것이 나았을 거예요. 이제 제우스는
나를 몰아내고 칼리스토와 결혼을 하겠지요. 두 분은 제 부모님과도
같으시니 저를 불쌍하게 여겨 주세요. 저를 사랑하신다면, 저 둘이 이
바닷속으로 내려오지 못하게 해 주세요.”

테티스와 오케아노스는 헤라의 소원을 들어주었다. 그래서 큰곰자리
와 작은곰자리는 다른 별들처럼 바다 밑으로 가라앉지 못하고, 늘 하늘
을 겉돌고 있다.

아르테미스와 악타이온

어느 무더운 날이었다. 카드모스 왕의 아들 악타이온은 친구들과 사

냥을 하고 있었다.

"오늘 사냥은 여기서 끝내고 좀 쉬자. 오늘은 충분히 했으니까, 내일
또 열심히 하자고!"

악타이온은 숲 속으로 들어갔다.

그 숲에는 아르테미스에게 바쳐진 골짜기가 있었다. 그 골짜기 안에
는 동굴이 하나 있었는데, 누군가가 정성들여서 꾸민 것처럼 아름다웠
다. 한쪽에서는 맑은 샘물이 솟아나왔고, 그 샘 주위에는 싱그러운 풀이
우거져 있었다.

어느 날, 아르테미스는 그 샘에서 목욕을 하기로 했다. 한 님프에게
창과 전통, 활을 맡기고, 다른 님프에게는 옷을 맡겼다. 또 다른 님프는
아르테미스의 신발을 벗겨 주었고, 손재주가 있는 크로칼레는 아르테미
스의 머리를 빗어 주었다. 그리고 네펠레, 히알레 등의 님프들은 항아리
에 물을 긷고 있었다.

그런데 아르테미스가 한참 목욕을 하고 있을 때, 숲을 거닐던 악타이
온이 그 곳으로 오게 되었다. 악타이온을 발견한 님프들은 놀라서 자신
들의 몸으로 아르테미스를 가렸지만, 아르테미스의 키가 컸기 때문에
머리는 가려지지 않았다.

너무 놀라 얼굴이 붉어진 아르테미스는 재빨리 활을 찾았다. 그렇지
만 활은 가까이에 없었다. 아르테미스는 악타이온의 얼굴에 물을 뿌렸
다.

"네가 나가서 아르테미스의 몸을 보았다고 말할 수 있겠느냐?"

그 순간 악타이온의 머리에서 사슴뿔이 돋아나고, 목이 늘어났다. 귀
는 뾰족해지고 팔은 다리로 변했다. 그리고 온몸에는 얼룩덜룩한 털이
돋아났다.

두려워진 악타이온은 바깥으로 도망쳤다. 그는 자신이 엄청나게 빠른

속도로 달리는 것에 무척 놀랐다. 악타이온은 물가로 가서, 자기의 모습을 비춰 보았다.

'헉! 내가 왜 이런 모습이 되었을까?'

악타이온은 괴로워하며 눈물을 흘렸다. 그는 이제 집으로 돌아갈 수도 없었다. 그가 물가에 머무르고 있을 때, 그의 사냥개들이 그를 발견했다.

악타이온은 사냥개를 피해 도망치기 시작했다.

'내가 너희들의 주인이다! 나를 똑바로 보아라!'

라고 외치고 싶었지만, 소리는 나오지 않았다. 얼마 후, 사냥개 한 마리가 그의 등에 올라탔고, 다른 개들이 그를 물어뜯었다. 뒤이어 그의 친구들이 다가왔다.

"이렇게 좋은 사냥감이 있는데 악타이온은 어디 간 거야?"

"악타이온이 있었으면 무척 좋아했을 텐데 말이야."

악타이온은 답답해서 견딜 수가 없었다. 그렇지만 그런 마음도 잠시뿐, 그는 곧 목숨을 잃고 말았다. 그의 목숨이 완전히 끊어질 때까지 아르테미스의 화는 풀리지 않았다고 한다.

파 에 톤

"파에톤, 네가 정말 신의 아들이라는 거야?"

"그래, 우리 아버지는 바로 태양신 아폴론님이야."

"하하하! 네가 아폴론님의 아들이면 나는 제우스님의 아들이다!"

친구들은 파에톤을 마구 놀려댔다. 몹시 화가 난 파에톤은 집으로 뛰어들어왔다.

"엄마, 친구들이 내가 무슨 신의 아들이냐고 놀려요. 정말 제가 신의 아들이라면 증거를 보여 주세요. 친구들에게 확실히 이야기할 수 있도록 말이에요."

"파에톤, 너는 정말 태양 신 아폴론님의 아들이란다. 네가 그 사실을 확인하고 싶다면, 태양의 나라로 가 보거라. 이 곳에서 그리 멀지 않은 곳이니, 금방 찾을 수 있을 거야."

파에톤의 어머니인 님프 클리메네는 하늘을 향해 손을 들고 말했다. 파에톤은 무척 기뻐하며, 태양이 떠오르는 나라를 향해 길을 떠났다. 얼마 후, 그는 황금과 보석으로 빛나는 태양 신의 궁전에 도착할 수 있었다. 파에톤은 궁전 안으로 들어서려다가 우뚝 멈추어 서고 말았다. 아폴론이 내뿜는 빛이 너무 눈부셔서 가까이 갈 수 없었기 때문이었다. 아폴론은 자주색 옷을 입고, 반짝이는 옥좌에 앉아 있었다. 아폴론의 옆에는 연 · 월 · 일 · 시간의 신이 서 있었다. 그리고 머리에 화관을 쓴 봄의 신, 옷을 벗은 채 익은 곡식 줄기로 된 관을 쓴 여름의 신, 발이 포도즙으로 더러워진 가을의 신(포도주를 만들기 위해서 통 속의 포도를 발로 밟아서 터뜨리기 때문이다.), 머리카락이 흰 서리로 되어 있는 겨울의 신은 그 옆자리를 차지하고 있었다.

파에톤은 눈앞에 보이는 광경에 정신을 차릴 수가 없었다. 아폴론은 어리둥절해 있는 젊은이를 발견하고 물었다.

"너는 누구이며, 무슨 일로 왔느냐?"

"저는 당신의 아들 파에톤입니다. 제가 당신의 아들이라는 증거를 보여주실 수 있겠습니까?"

"내 아들 파에톤, 이리 가까이 오너라."

아폴론은 머리에 쓰고 있던 관을 벗고, 파에톤을 불렀다.

"파에톤, 너는 누가 뭐라고 해도 내 아들이다. 네 의심을 풀어 주기 위해서 무슨 소원이든 들어주마. 저 스틱스 강에 대고 맹세하마. 신들은 가장 엄숙한 약속을 할 때 스틱스 강에 대고 맹세를 한단다."

아폴론의 말을 들은 파에톤이 불쑥 말했다.

"그러면 단 하루만이라도 좋으니까, 이륜 태양 마차를 몰게 해 주세요. 네?"

그 순간 아폴론은 약속한 것을 후회했다. 하지만 스틱스 강에 대고 맹세를 했으니, 취소할 수도 없는 일이었다.

"파에톤, 그것은 너무나 위험한 일이란다. 다른 소원을 생각해 보렴. 너는 너무 어리고 힘이 약해서 태양 마차를 몰 수 없어. 그것은 신들도 감히 엄두를 내지 못하는 일이거든. 오른쪽 팔로 무서운 번개를 던지는 제우스 신도 태양 마차를 몰 수는 없단다."

하지만 파에톤의 마음은 변함이 없었다. 아폴론은 파에톤을 달래려고 애를 썼다.

"파에톤, 잘 듣거라. 태양 마차가 가는 길은 말로 설명할 수 없을 정도로 험하단다. 그래서 말들도 올라가는 데 애를 먹곤 해. 그리고 길 중간은 높은 하늘로 솟아 있어. 그래서 나도 땅이나 바다를 내려다보면 아찔할 때가 많지. 또 마지막 길은 경사가 무척 심해서, 나를 기다리고 있는 바다의 여신 테티스는 내가 고꾸라질까 봐 마음을 졸인 적이 한두 번이 아니란다. 그리고 하늘은 늘 회전을 하고 있는데, 별도 따라서 회전을 하지. 그래서 나는 그 회전에 휩쓸리지 않도록 항상 조심해야 한단다. 네가 태양 마차를 몰게 되면, 그 모든 일을 잘할 수 있겠느냐? 그리고 아마 너는 하늘에 신들이 사는 숲과 마을, 궁전, 신전이 있을 거라고 생각하겠지? 그 반대란다. 하늘에는 무서운 괴물들이 많이 있거든. 사자(사자자리), 황소의 뿔(황소자리), 팔을 뻗치고 있는 전갈(전갈자리), 집게발을 구부리고 있는 게(게자리)가 너를 공격할지도 몰라. 네가 모르는 것이 또 있단다. 태양 마차를 모는 말을 다루는 것도 쉬운 일은 아니거든. 말들이 입과 코에서 불을 뿜으며 말을 듣지 않을 때면 나도 감당할 수가 없을 지경인데, 네가 어떻게 그 말들을 다루겠니? 내 이야기를 듣고도 태양 마차를 몰겠다는 생각이 바뀌지 않았니? 내가 이렇게까지 설명을 했는데도 네가 내 아들이라는 증거가 필요하다는 거야? 너를 이렇게 안타깝게 걱정하는 것이 바로 그 증거란다. 가슴을 열어서라도 나의 그 마음을 보여 주고 싶구나. 애야, 다른 소원을 말해 보렴."

그렇지만 파에톤의 마음은 변함이 없었다.

"아버지, 저는 친구들에게 보여줄 수 있는 증거가 필요해요. 조심할 테니 태양 마차를 몰게 해 주세요."

아폴론은 깊은 한숨을 내쉬며 파에톤에게 말했다.

"애야, 세상을 두루 둘러보아라. 바다나 하늘, 땅에는 네가 가질 만한 것이 얼마든지 있어. 네가 원하는 대로 해 줄 테니, 태양 마차를 모는 일만은 단념해다오. 그것은 너에게 좋은 일이 될 수 없단다. 그런데도 네가 고집을 꺾지 않는다면, 태양 마차를 몰게 해 주마. 스틱스 강에 맹세를 했으니, 지키지 않을 수가 없구나. 좀더 현명한 선택을 했더라면 좋았을 텐데……."

"아버지, 고맙습니다. 아무 일도 없을 테니까 걱정 마세요!"

파에톤은 기뻐서 어쩔 줄을 몰랐다. 아폴론은 할 수 없이 파에톤을 데리고, 태양 마차가 있는 곳으로 갔다. 금으로 되어 있는 태양 마차는 헤파이스토스가 만든 것이었다. 모든 것이 금이었지만, 단 한 가지 바퀴의 살만은 은으로 되어 있었다. 마부석 옆에는 감람석과 금강석이 여러 줄 박혀 있었는데, 태양광선이 그것에 비쳐서 사방으로 반사되었다.

파에톤이 태양 마차를 보고 있는 사이, 새벽의 여신이 모습을 드러내고, 달의 여신이 물러가려고 했다.

"파에톤, 이제 곧 나가야 할 시간이 오겠구나. 조심해야 한다, 알았지?"

아폴론은 시간의 신들에게 준비를 서두르라고 명령했다. 시간의 신들은 암브로시아를 배불리 먹은 말에게 마구(말을 부리는 데에 쓰는 기구)를 매달았다. 아폴론은 파에톤의 얼굴에 약을 발라 주었다. 그 약은 뜨거운 불을 견딜 수 있게 해 주었다. 아폴론은 빛나는 관을 다시 쓰고, 힘없이 말했다.

"내 말 잘 들어라, 파에톤. 채찍질을 함부로 하지 말고, 고삐를 단단히 쥐고 있거라. 점점 빨라지는 말을 다루기란 쉬운 일이 아니거든. 그리고 다섯 개의 궤도 사이를 곧장 가지 말고, 왼쪽으로 비껴서 가거라. 가운데에 있는 세 궤도를 벗어나면 안 된다. 북극이나 남극 땅에는 가지 말아야 해. 내가 다니던 수레바퀴 자국을 따라가면 어디로 가야 할지 잘 알 수 있을 거야. 그리고 너무 높게도, 낮게도 다니면 안 돼. 너무 높게 가면 하늘에 있는 신들의 집을 태울 것이고, 너무 낮게 가면 땅에 있는 인간들의 집을 태우게 되거든. 그러니까 중간 정도가 적당하지.

자, 지금까지 내가 한 말을 잘 기억하거라. 앞으로의 일은 네 운명에 맡겨야겠구나. 이제 밤이 물러나려고 하니 준비를 서둘러라. 하지만, 나는 네가 지금이라도 마음을 바꾸었으면 좋겠구나."

초조해하는 아폴론을 뒤로 하고, 파에톤은 얼른 태양 마차에 올랐다.

"아버지, 너무 걱정 마세요. 무사히 잘 다녀올 테니까요."

파에톤을 태운 태양 마차는 하늘을 날기 시작했다. 구름을 가르며 달리던 말들은 짐의 무게가 전보다 가벼운 것을 느꼈다. 짐을 많이 싣지 않은 배가 바다 위에서 출렁거리는 것처럼, 태양 마차도 덜컹거리기 시작했다. 그리고 곧 궤도에서 벗어나 버렸다.

"어떡하지? 말을 어떻게 몰아야 할지 모르겠어."

이리저리 달리는 태양마차 때문에 가장 먼저 큰곰자리와 작은곰자리가 그을었다. 추운 북극 하늘에서 겨울잠을 자던 뱀(뱀자리)은, 잠에서 깨어나 그 험악한 성질이 되살아나는 듯했다.

파에톤은 몹시 당황해서 땅을 내려다보았다. 그 순간 현기증이 나면서 다리가 후들거렸다.

"아버지 말씀을 들었어야 했는데⋯⋯. 내가 왜 아버지의 태양 마차를 몰겠다고 했을까?"

파에톤은 깊이 후회했지만, 소용 없는 일이었다. 아버지가 당부했던 말들이 아무것도 떠오르지 않았다. 그저 힘없이 고삐를 쥐고 주위를 둘러볼 뿐이었다.

그는 하늘 곳곳에 있는 괴물들을 보고는 겁에 질렸다. 그 중 가장 무

서운 것은 전갈이었다. 전갈은 커다란 집게발을 벌리고, 꼬리와 굽은 발톱을 두 별자리에 걸치고 있었다.

파에톤은 독을 뿜으며 다가오는 전갈을 보고, 너무 무서워서 고삐를 놓치고 말았다. 고삐가 풀리자, 말들은 미친 듯이 달려나갔다. 길이 아닌 곳을 달리기도 하고, 하늘 높이 솟았다가 땅으로 떨어지기도 하고, 별들 사이를 마음대로 달리기도 했다.

구름은 연기를 내고, 산꼭대기에는 불이 붙었다. 들판은 뜨거운 열기 때문에 말라갔고, 식물은 시들었다. 잎이 무성한 나무는 타 버리고, 추수한 곡식도 불길을 피할 수 없었다. 도시들은 탑과 성, 주민들을 잃어버리고, 유명한 산들은 잿더미가 되었고, 샘물도 모두 말라 버렸다.

파에톤은 자신의 잘못으로 세상이 불바다가 되는 것을 보았지만, 손을 쓸 수가 없었다. 오히려 자신도 뜨거운 불의 열기를 견딜 수가 없었다. 공기는 큰 용광로에서 뿜어 내는 공기처럼 뜨거웠고, 그 속에는 불에 탄 재가 가득 섞여 있었다. 이 때부터 에티오피아 인의 피부가 검어졌고, 리비아 사막은 메말라서 지금과 같은 상태가 되었다고 한다.

물이 말라 버리자, 물의 요정들은 머리를 풀고 슬피 울었다. 땅이 갈라지면서 그 틈으로 땅의 빛이 새어들어가서, 죽음의 나라의 왕과 왕비는 무척 놀라기도 했다.

또, 바다도 말라갔다. 바닷물이 완전히 마른 곳은 평원이 되었고, 파도 밑에 파묻혔던 산은 다시 일어나 섬이 되었다. 그리고 물고기들은 더 깊은 곳으로 헤엄쳐갔고, 돌고래들은 다시 물 위로 뛰어오를 용기를 잃어버렸다.

바다의 신 네레우스와 그의 아내 도리스, 딸 네레이스들은 가장 깊은 동굴로 달아났고, 포세이돈은 물 바깥으로 세 번이나 머리를 내밀었지만, 뜨거워서 다시 돌아가야만 했다.

대지의 여신은 몸은 물에 둘러싸여 있었지만, 머리와 어깨는 그렇지 못했다. 그래서 그녀는 손으로 얼굴을 가리고 하늘을 바라보며 제우스에게 말했다.

"내가 왜 이런 대우를 받아야 합니까? 저를 죽이시려거든 차라리 번개를 내려 주십시오. 저는 지금까지 잠시도 쉬지 않고 일을 했습니다. 인간들을 위해서 열매를 맺게 하고, 가축에게는 풀을 주었습니다. 그리고 당신의 제단에 유향을 바치기도 했습니다. 그 보답이 이것입니까? 내 동생 오케아노스(대양의 신)는 무슨 잘못 때문에 이런 대접을 받아야 합니까? 하늘을 잘 보세요. 당신의 궁전 기둥에서 연기가 치솟고 있습니다. 기둥이 다 타 버리면 궁전이 무너지겠지요. 하늘을 떠받치고 있는 아틀라스도 연기 때문에 짐을 내려놓으려고 하고 있습니다. 그러면 어떻게 되는지 아시겠어요? 다시 처음의 카오스 상태로 돌아가는 것입니다. 제발 우리를 구해 주세요, 네?"

대지의 여신의 말을 들은 제우스는 신들을 모두 불렀다. 그 중에는 파에톤의 아버지 아폴론도 있었다.

"빨리 대책을 마련하지 않으면, 우리 모두는 멸망하고 말 것입니다. 무슨 방법이 없겠습니까?"

제우스는 신들에게 일이 심각하다는 것을 알리고, 탑으로 올라갔다. 이 탑은 제우스가 번개를 던질 때마다 올라가는 곳이었다. 그런데 그 때에는 물이 없어서 지상을 가릴 구름도, 비도 남아 있지 않았다.

제우스는 으르렁거리는 번개를 흔들다가 파에톤을 향해 던졌다. 번개가 파에톤에게 날아가자, 파에톤은 그 자리에서 떨어져 죽고 말았다. 그는 머리에 불이 붙은 채 거꾸로 떨어졌는데, 그 모습이 마치 유성과 같았다.

강의 신 에리다노스는 파에톤의 시체를 받아서 식혀 주었다. 그리고 강의 요정들은 그의 묘지를 만들고 묘비를 세워 주었다.

아폴론의 태양 마차를 몰던 파에톤,
제우스의 번개를 맞아 이 아래에 잠들다.
아버지의 태양 마차를 뜻대로 부리지는 못했지만
그 뜻만은 용감했다.

강가에서 오빠의 죽음을 슬퍼하던 파에톤의 누이들은, 포플러나무로 변하고 말았다. 그리고 그녀들이 흘린 눈물은 강에 떨어져 호박이 되었다.

미다스

"스승님! 어디에 계십니까?"

디오니소스는 스승이자 양아버지인 실레노스를 찾아 다니고 있었다. 실레노스가 갑자기 사라진 것이었다.

그 때, 실레노스는 프리기아의 미다스 왕의 궁전에 있었다. 농부들이 술에 취한 실레노스를 발견하고, 미다스 왕에게 데려간 것이다.

실레노스는 수염과 털이 텁수룩하게 나 있고, 귀와 꼬리와 다리는 말의 모습을 한 노인이었다. 그는 세상에서 모르는 것이 아무것도 없을 정도로 지혜로웠다.

미다스는 이 노인이 실레노스라는 것을 알고, 열흘 동안 잔치를 베풀며 정성껏 대접했다. 그리고 열하루가 되는 날, 실레노스를 제자들에게 돌려 보냈다.

디오니소스는 무척 기뻐하며 미다스에게 말했다.

"저희 스승님을 잘 대접해 주셔서 감사합니다. 무슨 소원이든 들어드릴 테니, 말해 보세요."

"정말 무슨 소원이든 들어주시겠습니까?"

"그럼요! 어서 말해 보세요."

곰곰이 생각하던 미다스는 곧 입을 열었다.

"그러면 제 손이 닿는 것을 모두 금으로 만들어 주세요."

디오니소스는 그 소원이, 좋지만은 않다는 것에 유감을 느끼면서도 소원을 들어주었다.

"이제 당신의 손이 닿는 것은 모두 금으로 변할 것이오."

미다스는 궁전으로 돌아가는 길에, 참나무 가지를 하나 꺾어 보았다. 그러자 놀랍게도 금으로 변하는 것이었다. 이번에는 돌을 들었다. 역시 금으로 변했다. 그가 잔디를 만지자 그것 역시 금으로 변했다. 사과나무에서 먹음직한 사과를 따니 금사과로 변했다.

"하하하! 이제 나를 따를 부자는 없겠구나!"

궁전으로 돌아온 후, 미다스는 하인들에게 음식을 차려오도록 명령했다. 곧 미다스의 앞에는 온갖 음식들이 가득 놓여졌다.

"흠, 어떤 것부터 먹어 볼까?"

미다스는 빵에 손을 가져다 댔다. 그러자 빵은 금으로 변해 딱딱해졌고, 포도주를 마시자 녹은 황금처럼 걸쭉해졌다. 식탁에는 온통 금덩어리뿐이었다.

'이거 내가 큰 실수를 저지른 것 같구나. 이러다가는 굶어죽고 말겠어.'

미다스는 후회하기 시작했다. 어떻게 해서든지 예전으로 돌아가고 싶었다. 그는 다시 디오니소스를 찾아갔다.

"제가 잘못했습니다. 저를 다시 예전처럼 만들어 주십시오."

디오니소스는 자비심이 많았으므로, 그 소원도 들어주기로 했다.

"이렇게 혼을 내야만 네 잘못을 깨닫겠느냐? 이번 한번만은 용서해 주겠다. 팍톨로스 강이 시작되는 곳으로 가거라. 그 곳에 머리와 몸을 씻고, 네 욕심을 씻어 내거라."

미다스는 디오니소스의 말대로 했다. 그가 물에 손을 담그자, 금으로 만드는 힘이 강으로 옮겨갔다. 그래서 모래가 황금으로 변했는데, 그 금모래는 지금까지도 남아 있다고 한다.

그 후, 미다스는 부귀영화를 뒤로 하고 시골로 내려갔다. 그는 그 곳에서 들의 신 판을 숭배하게 되었다.

어느 날, 판은 음악의 신 아폴론과 겨뤄 보고 싶어졌다. 그래서 무모하게도 아폴론에게 도전장을 내밀었다. 아폴론은 판의 도전을 받아들였고, 산의 신 트몰로스가 심판을 보기로 했다. 트몰로스는 음악을 잘 듣기 위해서 귀에서 나무를 없애기까지 했다.

신호가 떨어지자, 판이 먼저 피리를 불었다. 아름다운 멜로디에 판과 미다스는 크게 만족했다. 다음은 아폴론의 차례였다. 아폴론은 월계수 관을 쓰고, 몸에는 자줏빛 옷을 땅에 끌리도록 걸친 채 연주를 시작했다. 아폴론의 훌륭한 연주에, 듣고 있던 사람들은 판에게보다 더 많은 박수를 보냈다.

잠시 후, 트몰로스가 입을 열었다.

"오늘의 승리는 아폴론 신에게로 돌아갔습니다."

트몰로스의 말을 들은 사람들은 모두 고개를 끄덕였다. 단 한 사람, 미다스만을 제외하고 말이다.

"말도 안 돼! 판의 연주가 아폴론 신의 연주보다 훨씬 뛰어나다고!"

아폴론은 흥분해서 마구 소리치는 미다스에게 다가갔다.

"너처럼 음악을 모르는 놈은 인간의 귀를 가질 자격이 없다!"

아폴론은 미다스의 귀를 길게 늘이고, 안팎으로 털이 자라게 했다. 그리고 귓불 쪽이 움직일 수 있도록 만들었다. 누가 보아도 당나귀 귀와 똑같은 귀였다.

그 후, 미다스는 귀를 감추기 위해서 머릿수건을 쓰고 다녔다. 이 비밀을 아는 사람은 오직 한 사람, 이발사뿐이었다. 머리를 자를 때는 어쩔 수 없이 머릿수건을 벗어야 했기 때문이었다.

"누구에게도 이 사실을 말하면 안 된다. 소문이 퍼진다면 너에게 큰 벌을 내리겠다!"

그렇지만 이발사는 이 사실을 말하고 싶어서 견딜 수가 없었다.

'아, 답답해. 이대로 있다가는 미칠 것만 같아.'

가슴이 답답해진 이발사는 넓은 들판으로 나갔다. 좋은 방법이 떠올랐던 것이다. 이발사는 들판에 구멍을 파고, 그 구멍에 대고 소리쳤다.

"임금님 귀는 당나귀 귀! 임금님 귀는 당나귀 귀!"

시원하게 소리를 지른 후, 이발사는 아무 일도 없었다는 듯이 흙으로 구멍을 잘 덮었다.

그런데 얼마 후, 그 구멍에서 갈대가 자랐다. 갈대는 바람이 불어 흔들릴 때마다 그 비밀을 속삭였다.

"임금님 귀는 당나귀 귀! 임금님 귀는 당나귀 귀!"

옛날, 프리기아에는 한 신탁이 내려오고 있었다.

'짐마차를 타고 오는 사람이 미래의 왕이 될 것이다.'

백성들이 신탁의 의미에 대해 생각하고 있을 때, 짐마차를 타고 광장에 들어선 사람이 있었다.

그가 바로 미다스의 아버지 고르고스 왕이다. 가난한 농부였던 고르고스는 하루아침에 프리기아의 왕이 된 것이다.

고르고스는 왕이 된 후, 짐마차를 신탁을 내린 신에게 바치고, 적당한 장소에 단단히 매듭을 지어 놓았다. 이것이 그 유명한 '고르고스의 매듭'이다. 그 후, 매듭을 푸는 사람이 전 아시아의 왕이 될 것이라는 소문이 내려오고 있었다.

어느 날, 알렉산더 대왕이 프리기아를 지나게 되었다.

"어디 나도 한번 풀어 볼까?"

알렉산더는 매듭을 풀어 보려고 애썼다. 하지만 그 매듭은 쉽게 풀리지 않았다. 화가 난 알렉산더는 칼로 그 매듭을 끊어 버렸다. 나중에 알렉산더가 전 아시아를 지배하게 되었을 때, 사람들은 알렉산더를 진정한 신탁의 의미를 아는 사람으로 기억하게 되었다.

4계절 이야기

티탄족이 죽음의 나라로 쫓겨간 후, 다른 거인족이 나타나 제우스와 그 형제들에게 대항했다. 그들 중에는 팔이 백 개인 자도 있었고, 불을 뿜는 자도 있었다.

하지만 그들 역시, 제우스와 그 형제들을 이길 수는 없었다. 그들은 아이트나 산 밑에 묻히고 말았던 것이다. 그런데 그들은 그 곳에서 빠져 나오기 위해서 몸부림을 치고, 불을 뿜기도 했다. 그럴 때면 섬에 지진이 일어나고, 산을 뚫고 불이 나오기도 했다.

이 거인족이 산밑으로 떨어질 때 온 땅이 진동을 했다. 그래서 죽음의 나라 왕인 하데스는 깜짝 놀라 밖으로 나와 보았다. 죽음의 나라가 온 세상에 알려질까 봐 두려웠던 것이다. 그는 검은 말이 끄는 마차를 타고 땅 곳곳을 살폈다.

그 때, 아프로디테는 아들 에로스와 에릭스 산에서 놀고 있었다. 하데스를 발견한 아프로디테는 에로스에게 말했다.

"에로스, 어서 하데스에게 화살을 쏘아라. 네 화살로는 제우스까지도 무릎꿇게 할 수 있어. 그런데 저 죽음의 나라 왕만 내버려둘 순 없지 않겠니? 하늘에는 우리를 무시하는 신들이 많이 있단다. 아테나와 아르테미스가 우리를 무시하고, 데메테르의 어린 딸 페르세포네조차도 여신들을 따라하고 있어. 그들이 다시는 우리를 무시할 수 없도록 할 테니, 어서 하데스에게 화살을 쏘아라."

에로스는 가장 날카로운 화살을 꺼내, 하데스에게 겨누었다. 화살은 하데스의 가슴에 정통으로 맞았다.

대지의 여신 데메테르의 딸 페르세포네는 들판에서 놀고 있었다. 그 곳은 나무가 빽빽하게 자라고 있어서, 강렬한 태양광선이 닿지 못했다.

그리고 축축한 땅에는 언제나 아름다운 꽃이 활짝 피어 있어서, 봄의 기운을 느낄 수 있었다. 페르세포네는 바구니와 앞치마에 오랑캐꽃을 따서 담으며 놀고 있었다.

그 때, 갑자기 땅이 갈라지면서 검은 소가 모는 황금 전차를 탄 사나이가 나타났다. 검은 머리를 휘날리는 그 사나이는, 굵은 팔을 뻗어 페르세포네를 안았다. 에로스의 화살을 맞은 하데스가 페르세포네에게 사랑을 느꼈던 것이다.

"살려 주세요! 엄마, 어디 계세요! 도와주세요!"

겁에 질린 페르세포네가 아무리 비명을 질러도 소용이 없었다. 하데스는 말의 머리와 목덜미를 고삐로 마구 때리며 달렸다. 키아네 강 앞에 도착하자, 그는 들고 있던 삼지창으로 강을 내리쳤다. 그러자 대지가 갈라지면서 죽음의 나라로 들어가는 문이 열렸다.

하데스는 페르세포네를 옆구리에 끼고 다시 땅 속으로 들어갔다. 갈라졌던 땅은 어느 새 풀이 막아 버렸고, 땅 위에 남은 것은 페르세포네의 애절한 비명뿐이었다. 데메테르는 페르세포네의 비명 소리를 듣게 되었다.

"페르세포네, 어디 있니? 우리 아가야!"

데메테르는 깊은 슬픔에 잠겨서 산으로, 바다로 딸을 찾아서 헤매 다녔다. 엘레우시스라는 마을에 들어간 그녀는, 바위 위에 주저앉아 9일 동안 먹지도 않고, 마시지도 않았다.

그 때, 그 곳에는 켈레오스라는 노인이 살고 있었다. 그에게는 어린 딸이 하나 있었다.

노인의 딸이 염소를 몰고 집으로 돌아올 때였다. 데메테르는 노파의 모습으로 변해서 바위 위에 앉아 있었다.

"어머니, 왜 이런 곳에 계세요?"

'어머니'라는 말을 듣자, 데메테르는 페르세포네 생각이 더욱더 간절해졌다. 집으로 돌아가던 노인도 데메테르를 발견하고, 자신의 집으로 이끌었다.

"저를 그냥 내버려두세요. 딸과 함께 지내시니 정말 행복하시겠습니다. 저는 딸을 잃어버렸답니다."

"저희 집으로 가서 쉬세요. 우리 집에 가면 딸이 돌아올지도 모르니까요."

그 말을 듣자, 데메테르는 노인의 집으로 따라가기로 했다.

"저에게는 어린 아들 하나가 있습니다. 그런데 아들이 병에 걸렸는지 열이 많이 나고 잠을 잘 못 잡니다."

노인의 말을 들은 데메테르는 양귀비를 따가지고 노인의 집으로 갔다. 노인의 가족들은 외아들을 잃을지도 모른다는 불안감 때문에 슬픔에 잠겨 있었다.

데메테르는 허리를 구부려 아이에게 키스했다. 그러자 아이의 얼굴에 화색이 돌며 기운을 차렸다.

"고맙습니다. 제 아들을 살리셨습니다!"

노인의 가족은 기뻐하며 식사를 준비했다. 데메테르는 아이가 마실 우유에 양귀비즙을 섞었다. 밤이 되어 가족들이 잠들자, 데메테르는 아이를 안고 팔다리를 주물렀다. 그리고 세 번 주문을 외더니, 화로의 재 속에 아이를 눕혔다.

"뭐하는 거예요? 아이를 죽일 셈이에요?"

데메테르가 하는 일을 보고 있던 아이의 어머니는 달려와서 아이를 품에 안았다. 그러자 데메테르는 여신의 모습을 드러내며 말했다.

"나는 너의 아들을 영원히 살 수 있도록 만들려고 했다. 그런데 너의 잘못으로 모든 일을 망치고 말았구나. 그렇지만 그 아이는 훌륭하게 자라서 사람들에게 쟁기를 사용하는 방법과 농사짓는 법을 가르쳐 줄 것이야."

말을 마친 데메테르는 마차를 타고 구름 속으로 사라졌다. 계속해서 딸을 찾아 헤매던 데메테르는, 처음 길을 떠났던 시칠리아 섬으로 돌아왔다. 그녀는 키아네 강의 둑에 섰다.

강의 님프들은 자신들이 본 것을 데메테르에게 말해 주고 싶었다. 그렇지만 하데스가 너무 무서워서 아무 말도 할 수가 없었다. 그렇지만 데메테르가 너무 가여워서 가만히 있을 수도 없었다. 님프들은 페르세포네가 떨어뜨린 허리띠를 데메테르에게로 날려보냈다.

"이것은 페르세포네의 것이야. 그 아이가 죽은 걸까?"

데메테르는 대지를 원망했다.

"나는 너에게 많은 곡식을 주었는데, 이런 식으로 은혜를 갚는 것이냐? 나는 더 이상 너에게 축복을 내려 주지 않겠다."

그러자 땅 위에서는 가축이 죽고, 밭에서는 싹이 나지 않았다. 가뭄이 이어지다가 장마로 이어지곤 했다. 새들은 씨앗을 쪼아 버렸고, 엉겅퀴와 가시덤불만 무성하게 자라났다.

이 모습을 지켜보던 샘의 님프 아레투사가 데메테르에게 말했다.

"제가 따님을 본 적이 있습니다. 따님이 사라진 것은 대지의 잘못이 아닙니다. 그러니 더 이상 대지에 고통을 주지 마십시오. 저는 원래 사냥을 좋아하는 숲의 님프였습니다. 어느 날, 저는 어느 강가에서 몸을 씻고 있었습니다. 그런데 물 속에서 어떤 목소리가 들리는 것이었습니다. 그래서 저는 달아나려고 했습니다. 그 목소리의 주인은 바로 강의 신 알페이오스였습니다. 저는 너무 무서워서 온 힘을 다해 도망쳤습니다. 하지만 알페이오스의 힘은 너무나 강해서 저를 금방 따라잡았어요. 저는 아르테미스에게 살려달라고 부탁했습니다. 아르테미

스는 검은 구름으로 저를 가려 주었지요. 그러자 알페이오스는 바로 옆에서도 저를 발견하지 못하더군요. 그렇지만 저는 너무나 두려웠습니다. 온몸에서는 식은땀이 흘렀고, 머리카락은 물방울이 되어 흘러내렸습니다. 그래서 제 아래로 물이 고이기 시작했습니다. 저는 샘이 되었던 것입니다. 알페이오스는 저를 알아보고, 자기의 물과 저의 물을 섞으려고 했어요. 그러자 아르테미스는 땅을 갈라 주었습니다. 저는 그 갈라진 틈으로 들어가서 알페이오스를 피할 수 있었습니다. 저는 땅 속을 돌아서 시칠리아 섬으로 나왔습니다. 그 밑을 돌아다닐 때 따님을 본 적이 있어요. 따님은 죽음의 나라의 왕비가 되어 있는 듯했습니다. 그렇지만 얼굴은 무척 슬퍼 보였어요."

데메테르는 제우스를 찾아가서, 페르세포네를 찾을 수 있도록 해 달라고 애원했다.

"페르세포네가 그 곳에서 먹은 것이 없다면 다시 돌아올 수 있다. 그렇지 않다면, 운명의 여신들은 페르세포네가 죽음의 나라를 빠져 나가지 못하게 할 거야."

제우스는 헤르메스를 죽음의 나라로 보냈다.

"하데스님, 제우스님께서 페르세포네를 데려오라고 명령하셨습니다. 지금 온 땅이 말라가고 있습니다. 인간들은 굶주림에 지쳐서 죽어가고, 온 세상이 생기를 잃어가고 있습니다. 페르세포네를 데메테르 여신께 돌려주십시오."

헤르메스의 말을 들은 하데스는 조용히 페르세포네에게 말했다.

"페르세포네, 그렇다면 어머니에게 돌아가시오. 내가 당신의 남편으로서 자격이 없어서가 아니오. 내가 아무리 정성을 다해도, 당신의 사랑을 받을 수 없다는 것을 알았기 때문이오. 부디 행복하시오."

하데스는 얼굴 가득 슬픔을 담고, 페르세포네에게 작별 인사를 했다.

그러자 페르세포네는 하데스에게 온 후 처음으로 웃음을 보였다.

"고마워요. 당신도 행복하세요."

하데스는 기뻐하는 페르세포네를 지켜보면서 석류 몇 알을 꺼냈다.

"페르세포네, 당신은 이 곳에 와서 아무것도 먹지 않았소. 하늘나라는 여기서 한참 가야 해요. 가는 도중에 지쳐 버리면 큰일이니, 이 석류 몇 알만 먹도록 해요."

그리고 하데스는 페르세포네의 입에 석류 한 알을 넣어 주었다. 그러나 그것을 먹음으로써, 페르세포네는 데메테르의 곁으로 완전히는 돌아올 수 없게 되었다.

페르세포네는 헤르메스가 모는 마차를 타고, 데메테르에게로 돌아왔다.

"엄마! 제가 돌아왔어요."

데메테르는 당장 페르세포네에게로 달려왔다.

"우리 아가, 페르세포네! 얼마나 보고 싶었는지 모른단다."

데메테르와 페르세포네는 오래도록 꼭 안고 있었다.

잠시 후, 데메테르는 걱정스러운 표정을 하고 페르세포네에게 물었다.

"혹시 죽음의 나라를 떠나기 전에 먹은 게 있니?"

"아니요, 아무것도 먹지 않았……. 아니, 석류 한 알을 먹었어요."

"이를 어떡하면 좋지? 하데스에게 속았구나. 하지만 지금 이렇게 널 만지고 안을 수 있다는 사실만으로 엄마는 너무나 행복하구나."

데메테르의 마음이 풀리자, 온 땅은 생명을 찾아가기 시작했다. 넓은 대지에는 황금빛 벼이삭이 춤을 추고, 깊은 땅 속에서 잠자던 풀잎들은 얼굴을 드러냈다. 개울에는 맑은 물이 넘치고, 들에는 아름다운 꽃들이 노래했다. 사람들은 다시 농사를 시작하고, 가축을 길렀다.

하지만 페르세포네는 죽음의 나라의 석류를 먹었기 때문에 1년 중 4분의 1은 땅 속에서 살아야 했다. 그래서 페르세포네가 땅 속에 있는 동안은 겨울이 되고, 온 만물들이 죽어 버렸다. 하지만 페르세포네가 다시 땅 위로 돌아오면 온 세상이 따뜻한 봄이 되고, 죽었던 모든 것들이 다시 살아나는 것이다.

이 때부터 4계절이 생겼다고 한다.

페르세포네가 돌아오자, 데메테르는 켈레오스의 아들 트리프톨레모스를 떠올렸다.

"그래, 약속을 지켜야지."

데메테르는 그에게 쟁기 사용법과 농사짓는 법을 가르쳤다. 그리고 자신의 용 마차에 트리프톨레모스를 태우고, 여러 나라를 돌아다니며 곡식과 농사에 대한 지식을 전해 주었다.

긴 여행에서 돌아온 후, 트리프톨레모스는 엘레우시스에다 데메테르를 위한 신전을 세우고 데메테르를 숭배했다. 데메테르를 숭배하는 의식은 그리스의 다른 종교 의식보다도 뛰어났다고 한다.

피그말리온

"여자들에게는 너무나 결점이 많은데, 왜 결혼을 해야 하지?"

조각가 피그말리온은 평생 혼자 살기로 결심했다. 그는 여자를 몹시 싫어했다.

어느 날, 그는 상아를 구하게 되었다.

'이것으로 세상에서 가장 훌륭한 여자를 만들겠어.'

그는 누가 보더라도 아름답다고 칭찬할 만한 조각상을 만들어 냈다. 그것은 사람이 만든 것이 아니라 자연이 만들어 낸 것처럼 보이기까지

했다.

"훌륭해! 그 누구도 이런 조각상은 만들지 못할 거야!"

피그말리온은 자신이 만든 조각상을 사랑하게 되었다. 하루에도 몇 번씩 조각상을 만져 보았다. 마치 살아 있는 것이 아닌지 확인이라도 하듯이. 그는 조각상을 끌어안기도 하고, 아가씨들이 좋아하는 반짝반짝 빛나는 조개껍데기, 맨질맨질한 돌, 귀여운 새, 아름다운 꽃, 구슬과 호박 같은 것들도 주었다. 우아한 옷을 입혀 주고, 목에는 진주 목걸이도 걸어 주고, 귀에는 귀걸이를 달아 주었다.

"사랑하는 내 아내, 당신은 정말 완벽해!"

피그말리온은 조각상을 자신의 아내라고 부르며, 티로스 지방에서 나는 염료로 물들인 천을 씌운 소파 위에 조각상을 눕혔다. 그리고 보드라운 깃털 베개를 머리 밑에 넣어 주었다.

얼마 후, 아프로디테의 제전이 다가왔다. 키프로스 섬에서는 최고의 축제였다. 희생물이 바쳐지고, 제단에서는 연기가 피어오르고, 향냄새가 온 섬을 채웠다. 피그말리온은 제단 앞으로 다가가서 자신의 소원을 빌었다.

"상아 아가씨와 같은 아가씨를 저에게 아내로 보내 주십시오(그는 상아 아가씨라고 딱 꼬집어 말하지 못했다.)."

그 자리에 왔던 아프로디테는 곧 피그말리온의 속마음을 알아차릴 수 있었다. 그래서 그녀는 소원을 들어주겠다는 표시로, 제단에서 타고 있는 불꽃을 공중으로 세 번 치솟게 했다. 집으로 돌아온 피그말리온은 조각상에게로 갔다.

"잘 지냈어? 내가 없어서 심심했지?"

그는 조각상의 입술에 키스했다. 그런데 그는 조각상이 평소와는 다르다는 것을 느낄 수 있었다. 조각상의 입술에서 따뜻한 기운이 느껴졌던 것이다. 피그말리온은 다시 한 번 조각상의 입술에 키스하며, 몸을 만져 보았다. 딱딱하던 조각상의 살결이 부드럽게 느껴졌다. 피그말리온은 손가락으로 쏙 눌러 보았다. 그러자 조각상의 몸은 히메토스산 밀초처럼 쏙 들어갔다.

'정말 이상한데? 조각상이 사람이라도 된 것일까?'

피그말리온은 여전히 의심을 떨치지 못했다. 그는 자꾸만 조각상의 몸을 만져 보았다. 손가락으로 누르면 쏙 들어갔다가, 손가락을 떼면 다시 원래대로 돌아왔다. 그제야 피그말리온은 자신의 소원이 이루어졌음을 알 수 있었다.

"아프로디테님, 감사합니다. 감사합니다!"

피그말리온은 아프로디테 신전을 향해 몇 번이고 절을 한 후, 조각상에게 입맞췄다. 그러자 조각상의 얼굴은 붉게 물들었다. 아프로디테는 둘을 진심으로 축복해 주었다.

"어렵게 이루어진 두 사람이니 늘 서로 아끼고 사랑하도록 하여라."

얼마 후, 두 사람 사이에서는 파포스라는 아들이 태어났다.

아프로디테에게 바쳐진 '파포스' 라는 마을은 그 아기의 이름을 따서 지어진 것이었다.

아프로디테와 아도니스

어느 날, 아프로디테는 아들 에로스와 숲에서 놀고 있었다.

"에로스, 너무 멀리 가지 말거라!"

에로스는 활과 화살을 옆에 끼고 이리저리 날아다녔다. 그런데 에로스는 아프로디테 옆으로 날아왔다가, 화살로 상처를 입히고 말았다. 아프로디테는 얼른 에로스를 밀어냈지만, 그 상처는 생각보다 심했다.

'큰일이구나. 에로스의 화살에 찔리면 사랑에 빠지게 되는데……'

서둘러 신전으로 돌아가던 아프로디테는 아도니스를 보고 한눈에 반하고 말았다. 그 후, 그녀는 지금까지 자주 다니던 파포스 마을, 크니도스 섬, 아마투스, 그리고 하늘나라에도 더 이상 가지 않았다. 아도니스와 있는 것이 훨씬 좋았기 때문이다. 그리고 그녀는 지금까지와는 다르게 외모를 가꾸는 것에 신경을 쓰지 않았다. 늘 그늘에 앉아서 휴식을 취하며 아름다워지기 위해 애쓰던 그녀였는데 말이다. 아프로디테는 사냥의 여신 아르테미스와 같은 옷차림을 하고, 하루 종일 이 산 저 산으로 돌아다녔다. 그녀는 자신이 기르는 개를 불러서, 토끼나 사슴 같은 위험하지 않은 동물만 사냥했다. 사냥꾼을 위협하는 늑대나 곰 같은 위험한 동물은 피했다.

어느 날, 아프로디테는 하늘나라에 볼일이 있었다.

"아도니스, 절대 위험한 동물은 사냥하지 말아요. 항상 조심해야 해요!"

아프로디테는 아도니스에게 단단히 이른 후, 백조 마차를 타고 하늘나라로 올라갔다. 그렇지만 아도니스는 아프로디테의 말에 따르지 않았다.

"나처럼 용감한 사냥꾼이 동물을 가려서 사냥한다는 것은 말도 안 돼!"

아도니스는 사냥개를 풀어서 산돼지를 굴에서 몰아냈다. 그리고 재빨리 산돼지의 옆구리에 창을 찔렀다. 그런데 산돼지는 입으로 창을 뽑아내고 아도니스에게 달려들었다. 아도니스는 재빨리 도망쳤지만, 산돼지는 끝까지 아도니스의 뒤를 쫓았다. 아도니스의 주위에 가까이 오자, 산돼지는 아도니스의 옆구리를 들이받았다. 아도니스는 심한 상처를 입고 그 자리에 쓰러지고 말았다.

"으음, 아프로디테……."

하늘을 날아 키프로스 섬으로 가던 아프로디테는 바람결에 아도니스의 신음 소리를 듣게 되었다.

"어서 가자! 서둘러!"

아프로디테는 백조 마차를 아도니스가 있는 곳으로 몰았다.

"어떻게 이런 일이!"

아프로디테의 눈앞에는, 피투성이가 되어 숨이 끊어진 아도니스가 쓰러져 있었다. 아프로디테는 운명의 여신을 원망하며 소리쳤다.

"그래, 운명의 여신들이 이겼다! 그렇지만 나는 내 슬픔이 언제까지나 남아 있게 할 것이다! 아도니스, 당신이 흘린 피를 꽃으로 피어나게 하겠어요. 그래서 내 마음이 조금이나마 가벼워진다 해도, 그 누구도 나를 시기할 수는 없을 거예요."

아프로디테는 아도니스의 피 위에 신들의 술을 뿌렸다. 피와 술이 섞이자 거품이 일어났다. 그리고 한 시간 후, 피처럼 붉은 꽃이 한 송이 피어났다. 그렇지만 그 꽃의 수명은 무척 짧았다. 바람이 불어서 꽃을 피게 하면, 금방 다른 바람이 불어와 꽃을 지게 하는 것이었다. 그래서 사람들은 그 꽃을 '아네모네(바람꽃)'라고 불렀다. 바람에 의해서 피어나고, 바람에 의해서 지기 때문이었다.

에로스와 프시케

어느 나라에 예쁜 딸을 셋 둔 왕과 왕비가 살고 있었다. 특히 막내 프시케는 말로 표현할 수 없을 정도로 아름다웠다. 아름다운 프시케의 모습을 보기 위해서 사람들은 먼 나라에서도 찾아왔다.

"오! 프시케!"

"프시케는 이 세상에서 가장 아름다워!"

"아프로디테도 프시케의 아름다움을 따라갈 수는 없을 거야."

사람들은 지금까지 아름다움의 여신 아프로디테에게 쏟았던 칭찬을, 모두 프시케에게 하고 있었다. 사람들의 관심은 모두 프시케에게로 쏠렸기 때문에, 아프로디테의 제단은 점점 초라해졌다. 그 모습을 본 아프로디테는 무척 화가 나서 아들 에로스를 불렀다.

"제우스 신께서 인정했던 파리스의 판정이 엉터리였단 말인가? 파리스는 헤라와 아테나보다 내가 훨씬 아름답다고 판정을 내렸는데, 저 계집애 앞에서 이렇게 무너져야 한단 말인가? 에로스, 당장 가서 저 계집애를 혼내 주고 오너라. 저 계집애가 받을 벌이 심하면 심할수록, 나에게는 큰 기쁨이 될 거야. 저 계집애가 이상한 사람을 사랑하도록 만들어라. 그러면 지금 느끼는 기쁨이 큰 만큼, 나중에 느끼게 될 부끄러움도 커질 거야.”

에로스는 곧 준비를 시작했다.

아프로디테의 정원에는 샘이 두 개 있었다. 한 샘에서는 단물이 솟았고, 다른 샘에서는 쓴물이 솟았다. 에로스는 병을 두 개 준비해서, 단물과 쓴물을 가득 담았다. 그리고 화살통 끝에 물병을 매달고, 프시케의 방으로 날아갔다.

프시케는 깊이 잠들어 있었다. 잠든 프시케의 모습을 보니 에로스는 불쌍하다는 생각이 들었다. 하지만 그는 애써 그런 생각을 지워 버렸다. 에로스는 프시케의 입술 위에, 쓴물 두어 방울을 떨어뜨렸다. 그리고 그녀의 옆구리에 화살을 가져다 대었다.

“아함, 누구세요?”

그 순간, 프시케가 잠에서 깨어나 에로스 쪽을 바라보았다. 에로스는 너무 당황하여 자신이 들고 있던 화살에 상처를 입고 말았다. 프시케의 눈에는 에로스의 모습이 보이지 않았는데도 말이다. 에로스는 상처에는 신경도 쓰지 않고, 프시케에게 저지른 장난을 취소하려고, 단물을 그녀의 머리카락에 떨어뜨렸다.

아프로디테의 미움을 받은 후, 프시케는 그 누구에게도 청혼을 받지 못했다. 여전히 아름답다고 칭찬은 했지만, 그것은 말뿐이었다. 프시케의 두 언니는 왕자들과 결혼을 한 지 오래였지만, 프시케는 외로움을 면할 수 없었다.

“아무도 나에게 다가오지 않아. 이런 아름다움이 무슨 소용이람?”

프시케의 부모는 몹시 걱정이 되었다.

“우리가 신들께 노여움을 산 것이 아닐까요?”

“우리 신탁을 들어 봅시다.”

두 사람은 서둘러 아폴론의 신전으로 갔다.

"프시케는 인간과 결혼할 운명이 아니다. 미래의 남편이 산꼭대기에서 기다리고 있을 테니, 어서 저 산으로 보내라. 프시케의 남편은 괴물로서, 그 누구도 그의 뜻을 거역할 수 없다. 설사 신이라 하더라도 말이다."

이 무서운 신탁에 모두들 당황했다.

"불쌍한 프시케, 이 일을 어떡하면 좋겠니?"

"프시케, 절대 너를 보낼 수 없다! 무서운 괴물에게 어떻게 너를 보낸단 말이냐."

프시케의 부모는 하루하루를 눈물로 보냈다.

"아버님, 어머님, 두 분이 슬퍼하신다면, 사람들이 저에게 과분한 칭찬을 하고 저를 아프로디테라고 불렀을 때 슬퍼하셨어야 했습니다. 저는 이제야 깨달았습니다. 저는 아프로디테님께 벌을 받고 있는 것입니다. 제가 괴물에게 시집가야 하는 운명이라면 따르겠습니다. 저를 어서 산꼭대기로 데려다 주세요."

얼마 후, 프시케의 결혼 준비가 끝났다. 산꼭대기에까지 혼례 행렬이 이어졌다. 하지만 그들은 모두 슬픔에 잠겨 있어서, 혼례 행렬이라기보다는 장례 행렬이라고 하는 것이 더 좋을 듯했다.

산꼭대기에 이르자, 사람들은 프시케를 남겨 둔 채 서둘러 산을 내려갔다.

"프시케, 몸조심하거라."

홀로 남겨진 프시케는 눈물을 흘리며 두려움에 떨고 있었다. 그 때, 한들한들 바람이 불며 서풍의 신 제피로스가 나타났다.

"프시케, 저기 아름다운 골짜기가 보이나요? 내가 그 곳으로 데려다 줄게요."

제피로스는 아름다운 꽃이 활짝 피어 있는 골짜기로 프시케를 데려다 주었다. 골짜기로 가는 동안 프시케는 마음이 진정되었기 때문에, 풀이 폭신하게 자라 있는 둑에서 잠이 들었다.

얼마 후, 잠에서 깨어난 프시케는 주위를 돌아보았다. 아름드리 나무가 무성하고, 맑은 물이 솟아나는 샘이 있었다. 그리고 그 옆에는 누가 보아도 신의 궁전이라는 것을 알 수 있을 만큼 웅장한 궁전이 있었다.

"어쩌면 저렇게 아름다울까?"

프시케는 무엇에 이끌리듯 궁전으로 발걸음을 옮겼다.

그녀는 조심조심 궁전 안으로 들어갔다. 입을 다물 수 없으리만큼 화려한 궁전이었다.

황금 기둥이 단단하게 궁전을 받치고 있었고, 벽에는 동물이나 주위 풍경을 그린 조각과 그림으로 장식되어 있었다. 안쪽으로 들어가자, 여러 방이 나왔다. 그 방들 안에는 온갖 종류의 보물과 아름다운 예술품들이 가득 차 있었다.

프시케가 넋을 잃고 궁전을 구경하고 있을 때, 어디선가 목소리가 들려왔다.

"여왕님, 지금 여왕님께서 보시는 모든 것은 여왕님의 것입니다. 저는 당신의 하인으로서, 당신의 명령이라면 무엇이라도 따를 것입니다. 자, 먼저 여왕님의 방으로 가셔서 깃털 침상에서 편히 쉬세요. 아니면 목욕을 하십시오. 저녁식사는 정원에 있는 정자에 차리겠습니다. 괜찮으시겠어요?"

프시케는 목소리 하인의 말대로 했다. 저녁이 되어 정자로 나가자, 보기만 해도 입 안에 침이 고이는 음식들이 식탁 위에 가득 차려져 있었다. 프시케는 목소리뿐인 하인들의 시중을 받으며 맛있게 식사를 마쳤다. 그녀가 식사를 하는 동안 내내 보이지 않는 사람들이, 아름다운 음악을 연주했다. 한 사람은 노래를 부르고 한 사람은 리라를 탔는데, 잘

조화된 멋진 음악이었다.

그 후 며칠이 지났지만, 프시케는 남편의 얼굴을 보지 못했다. 그녀의 남편은 밤늦게 찾아왔다가 날이 새기 전에 돌아갔기 때문이었다. 그렇지만 그의 말에는 사랑이 넘쳐 흘렀기 때문에, 프시케의 마음에도 사랑이 솟아났다.

하지만 때때로 그녀는 남편에게 얼굴을 보여 달라고 조르기도 했다. 그렇지만 그녀의 남편은 한 마디로 거절하곤 했다.

"내 사랑을 믿지 못하는 거요? 아니면 나에게 불만이 있소? 왜 나를 보고 싶어하는 것이오? 당신이 나를 보게 된다면, 나를 숭배하게 될 것이오. 나는 그것을 원하지 않아요. 내가 당신에게 받고 싶은 것은 사랑이지, 신으로서 받는 숭배가 아니란 말이오."

프시케는 남편의 이러한 말을 들으면 마음이 안정되었다. 그리고 남편이 신비롭게 느껴져서 행복하게 지낼 수 있었다.

그렇지만 남편이 없는 낮이 되면, 부모님과 언니들 생각에 눈물을 짓곤 했다.

"부모님께서는 어떻게 지내실까? 내 걱정을 많이 하실 텐데……."

어느 날 밤, 프시케는 남편에게 말했다.

"저, 당신이 안 계시는 동안에 너무나 외로워요. 가족들이 보고 싶어서 견딜 수가 없어요."

"그렇다면 언니들을 초대하도록 해요."

프시케의 남편은 그녀의 눈물이 너무 가슴아파서 허락을 했다. 그녀는 제피로스에게 남편의 명령을 전했다. 제피로스는 곧장 산을 넘어가서 프시케의 언니들을 데려왔다.

"언니!"

"프시케!"

"그동안 어떻게 지냈니? 얼마나 보고 싶었는지 몰라."

프시케와 언니들은 서로 얼싸안고 기쁨의 눈물을 흘렸다.

"어서 안으로 들어가세요. 맛있는 음식을 먹으면서 얘기하도록 해요."

프시케의 언니들은 목소리 하인의 시중을 받으며 목욕을 하고, 음식을 배불리 먹었다.

프시케는 언니들을 궁전 안으로 안내했다.

"어머나, 이렇게 아름다운 궁전은 처음 보는구나!"

"이 보물 좀 봐!"

궁전을 구경하던 언니들의 마음에 질투심이 일어나기 시작했다.

'내가 프시케보다 못한 것이 뭐가 있어?'

'얘는 무슨 복을 타고났길래 이렇게 좋은 곳에서 사는 거지?'

언니들은 프시케에게 많은 질문을 퍼부었다.

"프시케, 네 남편은 어디에 있니? 우리가 왔는데도 왜 나와 보지 않는 거야?"

"제 남편은 무척 아름다운 사람이에요. 지금은 이 곳에 안 계세요. 낮에는 보통, 사냥을 나가거든요."

언니들은 이 대답에 만족하지 않고 프시케를 다그쳤다. 곧 그녀들은 프시케가 남편의 얼굴을 본 적이 없다는 것을 알 수 있었다.

"프시케, 신탁을 잊지 않았겠지? 이 골짜기에 사는 사람들이 그러는데, 네 남편은 아주 무섭게 생긴 뱀이래. 맛있는 음식을 먹여서 너를 살찌운 다음에 너를 잡아먹으려고 한다는 거야. 우리가 너를 구해 줄게. 램프와 잘 드는 칼을 준비해서, 네 남편에게 들키지 않도록 잘 숨겨 놓도록 해. 그리고 네 남편이 잠들면 램프를 켜서, 네 남편이 어떤 모습을 하고 있는지 확인해 봐. 사람들의 말이 사실이라면 망설이지 말고 괴물의 머리를 칼로 베어야 해. 그래야만 넌 살 수 있어! 잘 알 았지?"

프시케는 언니들의 말을 믿지 않으려고 했지만, 자꾸만 마음이 흔들렸다.

'그래, 언니들의 말이 맞을지도 몰라. 괴물의 모습을 하고 있어서 밤 에만 나타나는 걸 거야.'

프시케는 램프와 칼을 준비해서, 남편의 눈에 띄지 않는 곳에 숨겨 두었다.

깊은 밤, 남편이 잠들자 프시케는 램프를 켜고, 남편의 얼굴을 비추어 보았다.

'앗, 이렇게 아름다운 분은 처음 봐!'

프시케의 눈앞에 보이는 것은 무시무시한 괴물이 아니었던 것이다. 금빛 머리카락, 눈처럼 하얀 목, 붉은 뺨, 보드라운 깃털의 날개……

프시케는 더 자세히 보기 위해서 램프를 기울였다. 그 때, 뜨거운 기름이 그의 어깨 위에 떨어지고 말았다.

그 바람에 잠에서 깨어난 프시케의 남편은, 말없이 프시케를 바라보 았다. 그리고 새하얀 날개를 펴고 창밖으로 날아갔다. 프시케는 그를 따 라가다가 창에서 떨어져 땅바닥으로 곤두박질쳤다. 그 모습을 본 그녀 의 남편이 잠깐 멈추고 그녀에게 말했다.

"어리석은 프시케! 나는 어머니의 말씀을 거역하고, 너를 아내로 맞 았다. 그런데 이것이 내 사랑에 대한 보답이란 말이냐? 내 말보다 언 니들의 말을 더 믿으니, 그들에게로 돌아가거라. 나는 너에게 다른 벌 은 내리지 않겠다. 오직 너와 영원히 이별할 뿐이다. 사랑과 의심은 한곳에 있을 수가 없다."

프시케의 남편 에로스는, 땅바닥에 엎드려 눈물을 흘리는 프시케를

버려둔 채 날아가 버렸다. 한참 울다 정신을 차린 프시케는 주위를 둘러보았다. 그녀는 어느 새 언니들이 살고 있는 곳에서 얼마 떨어지지 않은 벌판에 와 있었다.

프시케는 언니들을 찾아가서 자신의 슬픔을 이야기했다. 언니들은 겉으로는 슬픈 척했지만, 속마음은 전혀 달랐다.

'이제 프시케가 없으니 우리 둘 중 하나를 선택하겠지?'

언니들은 아침 일찍 산으로 올라갔다.

"제피로스! 우리를 당신의 주인에게 데려다 주세요!"

언니들은 높은 바위에서 뛰어내렸다. 제피로스가 그녀들을 받아 줄 것이라고 생각했기 때문이다. 하지만 제피로스는 그녀들을 받아 주지 않았다. 프시케의 언니들은 그대로 절벽 아래로 떨어져 죽고 말았다.

프시케는 먹지도, 자지도 않고 남편을 찾아다녔다. 그러던 중 높은 산 꼭대기에 훌륭한 신전이 있는 것을 발견했다.

"에로스님은 저 곳에 살고 계실 거야."

그녀는 서둘러 신전 안으로 들어갔다. 그 곳에는 밀 낟가리가 쌓여 있었다. 묶은 이삭도 있었고, 묶지 않은 것도 있었다. 또 보리 이삭이 섞여 있기도 했다. 농기구들은 여기저기 흩어져 있었다. 프시케는 이삭을 종류별로 묶고, 농기구들을 정리했다.

'신께 노여움을 사서는 안 돼.'

그 모습을 본 신전의 주인 데메테르는 프시케에게 말했다.

"프시케, 너에게 아프로디테의 화를 가라앉히는 방법을 가르쳐 줄게. 어서 아프로디테를 찾아가거라. 무릎을 꿇고, 겸손과 순종의 마음을 잃지 말고 용서를 빌도록 해. 그러면 너에게 네 남편을 되찾아 줄지도 몰라."

"고맙습니다, 정말 고맙습니다."

프시케는 마음을 단단히 먹고 아프로디테를 찾아갔다. 아프로디테는 몹시 언짢은 표정으로 프시케에게 말했다.

"네가 이제야 주인을 섬기는 종이라는 것을 깨달았느냐? 아니면 사랑하는 아내의 배신 때문에 상처를 받아서 누워 있는 남편을 만나러 왔느냐? 너는 정말 좋아할 수가 없는 아이로구나. 네가 남편을 다시 섬기기 위해서는 부지런히 일하는 방법밖에 없다. 오늘부터 너의 살림 솜씨를 시험해 보겠다."

아프로디테는 신전 창고로 프시케를 데려갔다. 그 곳에는 밀, 보리, 기장, 완두, 편두 등이 뒤섞여 있었다.

"자, 내가 아끼는 비둘기에게 줄 먹이가 이 곳에 있다. 저녁때까지 종류별로 잘 가려 놓도록 해라."

말을 마친 아프로디테는 밖으로 나가 버렸다. 프시케는 어찌할 바를 모르고 멍하니 서 있었다.

'이렇게 많은 것을 어떻게 나누지?'

그 때, 에로스는 들판의 개미들이 프시케를 동정하도록 만들었다. 개미들의 대장은 부하들을 거느리고 창고로 들어왔다. 개미들은 곡식을 한 알씩 날라서 종류별로 나누어 주었다. 일이 모두 끝나자, 개미들은 서둘러 들판으로 돌아갔다.

저녁 무렵 신전으로 돌아온 아프로디테는, 프시케가 일을 끝마친 것을 알게 되었다.

"감히 남편을 꾀어서 일을 마쳐? 두고 보자. 너도, 네 남편도 무사하지 못할 거야!"

아프로디테는 몹시 화를 내면서, 프시케에게 저녁식사로 검은 빵 한 조각을 던져주고 가 버렸다.

다음 날 아침, 아프로디테는 프시케를 불렀다.

"저쪽 물가를 보거라. 그 곳에는 양들이 풀을 뜯고 있는데, 털이 모두 금빛이다. 단 한 마리도 **빼놓지** 말고 털을 모아 오너라."

프시케는 냇가로 갔다.

'어떤 어려운 일이라도 해내야 해.'

프시케의 모습을 본 강의 신은, 갈대들에게 노래부르듯이 속삭이게 했다.

"위험한 냇물을 건너지도 말고, 무서운 양 떼 속에 들어가려고 하지도 말거라. 아침이면 태양의 기운을 받은 양들이 날카로운 뿔과 이빨로 사람을 죽이려고 한다. 그렇지만 한낮이 되면 양 떼가 그늘을 찾아가고, 냇물의 맑은 정기가 양 떼를 달래서 재울 것이다. 그러면 그 때 냇물을 건너가서 덤불이나 나무줄기에 붙어 있는 양털을 가져오도록 해라."

강의 신 말대로 한 프시케는 금빛 양털을 한아름 안고 아프로디테에게 돌아갈 수 있었다. 그러나 이번에도 아프로디테는 프시케에게 화를 냈다.

"이번 일도 네 힘으로 하지 않았다는 것을 알고 있다. 그래서 나는 네가 일을 잘한다고 인정할 수가 없다. 자, 이제 다른 일을 시켜 보겠다. 이 상자를 가지고 죽음의 나라에 가거라. 가서 페르세포네에게 아름다움을 조금만 나누어 달라고 하거라. 오늘 저녁에 얻어온 아름다움을 바르고, 신들의 연회에 참석해야 하니까 서둘러 다녀오너라."

프시케는 자신이 죽을 때가 왔음을 알았다. 죽음의 나라에는 죽어야만 갈 수 있기 때문이었다. 프시케는 높은 탑 꼭대기로 올라갔다. 프시케가 뛰어내리려고 할 때, 탑 안에서 어떤 목소리가 들려왔다.

"프시케, 왜 그렇게 무서운 방법으로 죽으려 하느냐? 너는 지금까지

신들의 보호를 받아 왔는데. 이번에는 왜 겁을 먹고 포기하려고 하는 것이냐?"

그 목소리는 프시케에게 죽음의 나라로 내려가는 동굴, 위험을 만났을 때 피하는 방법, 케르베로스 옆을 무사히 지나가는 방법, 죽음의 강을 건너가고 다시 돌아오기 위해 뱃사공을 설득하는 방법을 알려주었다. 그리고 말을 이었다.

"페르세포네가 아름다움을 나누어 주거든, 그 상자를 절대 열어서는 안 된다. 무슨 일이 있어도 호기심으로 여신들의 아름다움을 알려고 해서는 안 될 것이다."

프시케는 탑 속의 목소리가 알려준 대로 해서, 죽음의 나라에 도착했다. 페르세포네는 프시케를 따뜻하게 맞아 주고, 아름다움을 나누어 주었다.

프시케는 그 위험한 일을 무사히 마치고 다시 돌아왔다. 그런데 상자 안에 무엇이 들어 있는지 궁금해서 견딜 수가 없었다.

"나는 신들의 아름다움을 날랐으니 조금 가져도 돼. 아름다움을 얼굴에 바르고, 사랑하는 남편의 눈에 좀더 아름답게 보이고 싶어!"

프시케는 조심스럽게 상자를 열었다. 그러나 그 상자 안에 들어 있는 것은 아름다움이 아니라 죽음의 잠이었다. 죽음의 잠은 재빨리 빠져 나와 프시케를 감쌌다. 프시케는 길 한가운데에 쓰러져서 잠들었다.

그 때, 기운을 차린 에로스가 프시케에게 날아왔다. 프시케가 너무 보고 싶어서 가만히 있을 수가 없었던 것이다. 에로스는 프시케의 몸에서 잠을 끌어모아 다시 상자 안에 넣었다. 그리고 화살로 프시케를 가볍게 찔러서 깨웠다.

"프시케, 그 호기심 때문에 죽을 뻔했구나. 어서 가서 어머니의 명령을 끝내도록 해. 나머지 일은 내가 알아서 할게."

에로스는 제우스에게로 날아갔다.

"제우스님, 저와 프시케는 서로 너무나 사랑합니다. 부디 어머니께서 화를 푸시고, 저희를 축복해 주실 수 있도록 도와주세요."

제우스는 기분 좋게 허락하고 아프로디테를 설득했다. 마침내 아프로디테는 화를 풀기로 했다.

얼마 후, 제우스는 헤르메스를 보내서 프시케를 신들의 모임에 참석하도록 했다.

"자, 어서 이 암브로시아를 마시고, 영원히 죽지 않는 신이 되도록 해라. 그러면 에로스도 이 인연을 끊지 못할 것이니, 이 결혼은 영원할 것이다."

이렇게 해서 프시케는 에로스의 영원한 아내가 되었다. 얼마 후, 둘 사이에서는 딸이 태어났는데, 아기의 이름은 '쾌락' 이라고 지어졌다.

수선화가 된 나르키소스

숲을 무척 좋아하는 에코라는 님프가 있었다. 에코는 늘 숲 속을 뛰어다니며 사냥을 하고 꽃구경도 했다. 사냥의 여신 아르테미스는 에코를 무척 아꼈다. 그래서 사냥을 다닐 때면 늘 에코를 데리고 다녔다.

예쁘고 착한 에코였지만 딱 한 가지 나쁜 점이 있었다. 그것은 바로 말하기를 좋아해서, 다른 사람들의 말이 끝난 후에도 계속해서 지껄이는 것이었다.

어느 날, 헤라는 숲 속을 헤매며 남편 제우스를 찾고 있었다.

"제우스, 어디 있어요? 이쪽으로 좀 와 봐요!"

그 때, 제우스는 한 님프와 즐거운 시간을 보내고 있었다.

"어이쿠, 헤라다. 숨소리도 내면 안 돼. 알았지? 헤라의 잔소리는 끝이 없다고!"

제우스는 님프와 깊은 숲 속에 숨었다. 에코는 그 모습을 보게 되었다.

'헤라님께 들키면 정말 큰일나겠네. 큰 벌을 받고 말 거야. 멀리 도망 갈 때까지 내가 헤라님과 있어야겠어.'

에코는 얼른 헤라 앞으로 나섰다.

"헤라님, 안녕하세요? 오늘 날씨 정말 좋죠?"

"저리 비키거라. 난 지금 바빠!"

"제 말 좀 들어 보세요. 저 꽃 예쁘지 않아요?"

에코는 계속해서 헤라의 앞을 가로막고 재잘거렸다. 그 사이에 제우스와 님프는 멀리멀리 도망가버렸다.

"당장 비키지 못해?"

헤라는 에코를 밀쳐 버리고, 제우스를 찾아 다시 숲 속을 헤맸다. 하지만 멀리 달아나 버린 제우스를 찾을 수는 없었다. 헤라는 다시 에코에게 왔다.

"네가 조잘거리는 바람에 제우스를 놓치고 말았어. 다시는 네 마음대로 말을 하지 못하게 하겠다. 너는 평생동안 남이 말한 뒤에만 말할 수 있을 거야. 남이 말하기 전에는 절대로 말할 수 없을 것이다!"

그 후, 에코는 다른 님프들과 어울리지 못하고, 혼자서만 지내게 되었다. 에코가 깊은 숲길을 거닐고 있을 때였다. 사냥을 하다가 친구들과 떨어진 나르키소스가 친구들을 찾고 있었다. 나르키소스의 모습을 본 에코는 그 자리에서 멈추고 말았다. 그만 사랑에 빠졌던 것이다.

하지만 먼저 말을 할 수 없는 에코는, 나르키소스의 앞에 나설 수 없었다. 나르키소스는 계속해서 숲 속을 뛰어다니며 친구들을 찾았다.

"거기 아무도 없어?"

"없어?"

"누가 있으면 이리로 나와!"

"나와!"

나르키소스는 고개를 갸웃거리며 다시 한 번 외쳤다.

"피하지 말고 어서 나와! 나와 같이 가자!"

그 말을 들은 에코는 나르키소스 앞으로 달려와, 그의 목에 팔을 감았다.

나르키소스는 깜짝 놀라 소리쳤다.

"내 몸에 손 대지 마라! 나를 붙잡으면 죽어 버리겠다."

그리고 그는 쌀쌀맞게 에코를 뿌리쳤다.

실망한 에코는 깊은 숲 속 동굴로 들어갔다. 여러 날 동안 슬픔에 빠져 있던 에코는 날이 갈수록 말라 갔다. 마지막 남은 살점까지도 떨어져 나간 후, 에코의 뼈는 바위로 변했다. 이제 에코에게 남은 것은 목소리뿐이었다.

지금도 에코의 슬픈 마음은 깊은 산 속에 남아서, 사람들의 말을 되풀이하는 메아리가 되고 있다.

나르키소스의 차가운 마음은 다른 요정들에게도 마찬가지였다. 어느 날, 한 님프가 나르키소스의 사랑을 얻으려고 노력했지만, 끝내 거절당하고 말았다. 그러자 그 님프는 신에게 기도를 올렸다.

"나르키소스가 사랑이 무엇인지 알게 해 주세요. 그리고 사랑의 보답을 받지 못하는 것이, 얼마나 마음 아픈 일인지 알게 해 주세요."

복수의 여신 네메시스는 그 님프의 기도를 들어주기로 마음먹었다. 산 속에는 맑은 샘이 있었다. 물이 어찌나 맑은지 양치기들은 그 샘으로 양 떼를 몰지 않았고, 다른 짐승들도 그 샘에는 가지 않았다. 나뭇잎이나 가지가 떨어져서 샘을 더럽히는 일도 없었다. 샘가에는 늘 신선한

풀이 나 있었고, 바위는 햇빛을 가려서 풀이 시들지 않게 해 주었다.

어느 날, 사냥을 하던 나르키소스는 물을 마시려고 그 샘으로 왔다. 물을 마시려는 순간, 나르키소스는 물 속에 비친 자신의 모습을 보게 되었다. 나르키소스는 샘에 살고 있는 물의 님프라고 생각했다. 맑게 빛나는 눈, 곱슬곱슬한 머리, 오똑한 코, 건강해 보이는 몸……. 나르키소스는 정신을 차릴 수 없었다.

나르키소스는 그 물그림자를 사랑하게 되었다. 그는 물그림자에 키스하려고 입술을 대고, 팔을 뻗었다. 그러자 물그림자는 사라지고 말았다. 놀란 나르키소스가 몸을 일으키자, 물그림자는 다시 나타났다. 나르키소스는 아무것도 할 수가 없었다. 오직 그 샘가에 머물면서 물그림자의 모습만 보았다. 다가가면 사라져 버리고, 멀리 떨어지면 나타나는 물그림자는 나르키소스의 마음을 애타게 만들었다.

"왜 자꾸 나를 피하는 거요? 제발 사라지지 말아요. 다른 님프들이 나를 사랑하는 것처럼 나를 사랑하지 않나요? 내가 팔을 뻗으면 당신도 팔을 뻗고, 내가 미소를 지으면 당신도 미소를 짓잖아요. 그냥 바라보기만 할 테니, 다시는 멀리 가지 말아요."

나르키소스는 눈물을 흘리며 애원했다.

슬픈 사랑은 나르키소스의 가슴을 태워 버리고 말았다. 나르키소스의 얼굴은 시간이 지날수록 창백해지고, 몸은 약해졌다. 님프들의 마음을 빼앗았던 아름다움은 이제 찾아볼 수 없었다. 그렇지만 에코는 나르키소스의 주위를 맴돌고 있었다. 나르키소스가 '아, 아!' 하고 신음 소리를 내면, 그녀도 그 소리를 따라하고 있는 것이다.

결국 나르키소스는 세상을 떠나고 말았다. 나르키소스의 영혼은 죽음의 강을 건너는 순간까지도, 물 속에 비친 자신의 모습을 보려고 했다.

님프들은 나르키소스의 죽음에 몹시 슬퍼했다. 님프들은 나르키소스

의 죽은 몸을 화장시켜 주려고 했다. 님프들이 나무를 준비해서 샘가로 갔지만, 나르키소스의 시체를 찾을 수 없었다.

나르키소스가 있던 곳에는 샘가를 바라보듯, 고개를 숙이고 있는 자줏빛 꽃 한 송이가 있을 뿐이었다.

나르키소스(수선화)라고 불리는 그 꽃은, 언제까지나 나르키소스를 추억하도록 한다.

아 테 나

아테나는 지혜의 여신이자 전쟁의 여신이었다. 또 그녀는 농업, 항해술, 길쌈, 방직, 재봉 등을 맡기도 했다.

어느 날, 아테나와 포세이돈은 아테네를 두고 다투었다. 두 사람의 싸움을 보다못한 신들은, 인간에게 유익한 선물을 주는 신에게 그 도시를 주기로 했다.

"나는 저 사람들에게 올리브나무를 주겠어요."

"나는 말을 주겠어!"

신들은 아테나의 올리브나무가 좀더 유익하다고 생각했다. 그래서 아테네는 아테나의 도시가 되었다.

또 아테나는 아라크네라는 소녀와 경쟁을 하기도 했다. 아라크네는 베를 무척 잘 짰다. 그래서 아라크네의 베 짜는 솜씨를 구경하려고, 숲이나 샘의 님프들까지도 찾아오곤 했다.

"어쩌면 저렇게 솜씨가 좋지? 아테나 여신에게 배운 것이 분명해."

"아니야, 아테나 여신보다도 훨씬 훌륭하다고!"

사람들은 입에 침이 마르도록 아라크네를 칭찬했다. 그럴 때면 아라크네는 고개를 가로저으며 한 마디 하곤 했다.

"무슨 말씀이세요? 아테나 여신에게 배웠다고요? 천만에요. 전 저 혼자서 이렇게 베를 잘 짜게 되었답니다."

아테나는 하늘에서 이 소문을 듣게 되었다.

"뭐라고? 나보다 훌륭하다고?"

화를 참지 못한 아테나는 허름한 차림을 한 할머니로 변장하고, 아라크네의 집을 찾아갔다.

"아가씨, 아테나 여신보다 훌륭하다고 생각하는 것은 잘못이야. 신을 무시하고 함부로 대하면 큰 벌을 받게 돼. 그러니까 어서 기도를 드리고 용서를 빌도록 해요."

그 말을 들은 아라크네는 화가 나서 어쩔 줄을 몰랐다.

"그런 충고라면 당신의 딸이나 하녀에게 하세요. 나는 내가 한 말을 절대 취소하지 않아요. 정말 아테나 여신이 베를 잘 짜는지, 제가 잘 짜는지 겨루어 보면 되잖아요. 안 그래요?"

그러자 아테나는 허름한 옷을 벗고, 아름다운 여신의 모습을 드러냈다.

"내가 바로 아테나 여신이다. 그렇게 자신 있다면 나와 겨루어 보자."

주위에 있던 사람들은 아테나의 모습을 보고는 모두 무릎을 꿇고 엎드렸지만, 아라크네는 고개를 숙이지 않고 꼿꼿이 앉아 있었다.

곧 베짜기 내기가 시작되었다. 아테나와 아라크네는 베틀 앞에 앉아서 아름다운 베를 짜기 시작했다.

아테나는 포세이돈과 경쟁했을 때의 모습을 짜 넣었다. 올림포스의 열두 신의 모습이 나타났다. 근엄하고 위대한 신들의 모습이 가운데 있었고, 그 주위에는 신들에게 대항하는 인간들에 대한 신들의 노여움이 그림으로 나타나 있었다. 아라크네가 경쟁을 포기하도록 하기 위해서였다.

아라크네의 베에는 온통 신들의 잘못이 그려져 있었다. 백조로 변해서 레다를 찾아간 제우스, 금빛 소나기가 되어서 탑 안으로 다나에를 찾아가는 제우스, 그리고 황소로 변해서 에우로페를 찾아가는 제우스, 페르세포네를 납치하는 하데스 등은 신들을 무시하는 느낌을 주었다.

아테나는 아라크네의 베 짜는 솜씨에는 감탄했지만, 신들을 대하는 그 태도는 도저히 참을 수 없었다.

아테나는 북으로 아라크네의 베를 내리쳐서 찢고, 아라크네의 이마에 손을 대어서 그 죄와 부끄러움을 깨닫게 했다.

아라크네는 자신의 죄와 부끄러움을 참을 수 없어서, 밖으로 나가서 목을 맸다. 아테나는 끈에 매달려 있는 아라크네에게 말했다.

"다시 살아나거라. 이 일을 언제까지나 잊지 말고, 영원히 그렇게 매달려 살거라. 너와 네 자손은 언제까지나 그렇게 매달려 있어야 한다."

아테나는 아라크네의 몸에 아코닛 즙을 뿌렸다. 그러자 아라크네의 머리카락과 코, 귀가 빠져 버렸다. 몸은 작아지고, 머리는 더욱더 작아졌다. 손가락은 다리처럼 옆구리에 붙었고, 몸의 다른 부분은 모두 몸통이 되었다. 아라크네는 아테나가 자신을 거미로 만들었을 때의 자세 그대로, 몸통에서 뽑아 낸 실에 매달려 있었다. 아라크네는 그렇게 거미의 모습을 하고, 영원히 베를 짜면서 살게 되었다.

돌이 된 니오베

신들을 무시했다가 끔찍한 일을 당한 여인이 또 한 사람 있었다. 바로 테베의 왕비 니오베였다.

테베에서는 해마다 레토와 아폴론, 아르테미스를 기리는 축제가 열렸다. 축제 때가 되면 테베 사람들은 월계관을 쓰고, 제단에 유향을 바치면서 기원을 하곤 했다. 니오베는 그런 사람들을 한심하다는 듯이 바라보았다.

"왜 저렇게 레토 여신을 숭배하지? 눈앞에 있는 사람보다 한 번도 보지 못한 신이 더 중요하다는 거야? 정말 이해할 수 없는 사람들이로군. 레토보다 내가 못하다는 건가? 내 아버지 탄탈로스는 신들의 식사에 초대받을 정도로 귀한 분이었고, 어머니는 여신이었어. 내 남편은 이 테베의 왕이야. 이 프리기아 시는 내가 아버지로부터 물려받은 것이야. 어디로 눈을 돌려도 모두 내 땅이란 말이지. 게다가 나에게는 아들이 일곱, 딸이 일곱 있어. 아이들이 결혼하면, 그 수만큼 궁전을 채울 거야. 내 아이들이 아이들을 낳으면, 궁전은 더 많은 사람들로 북적거리겠지. 그런데도 아이를 겨우 둘을 낳은 레토 여신이 훌륭하다는 거야? 난 레토 여신의 일곱 배나 되는 아이들이 있다. 그래서 나는 무척 행복해. 지금까지 많은 행운을 누리고 살았기 때문에, 그 중 하나 둘쯤 잃더라도 상관없어. 내 아이들 중에서 몇을 데려가더라도, 둘밖에 없는 레토처럼은 되지 않을 거야. 모두 그만두라고! 월계관 따위는 벗어 버리고 돌아가!"

사람들은 니오베의 명령에 따라서 축제를 중간에 마치고 말았다. 레토의 노여움은 한층 더해지고 말았다. 레토는 아폴론과 아르테미스를 불러 말했다.

"애들아, 너희를 큰 자랑으로 여기고, 헤라 여신을 빼면 다른 어떤 여신에게도 뒤지지 않는다고 여기며 살았는데, 지금은 내가 여신인지 아닌지도 모르게 되었구나. 너희들이 내 모욕을 갚아 주지 않으면, 이제 난 어떠한 숭배도 받지 못할 거야. 어서 가서 이 어미의 화가 풀리게 해 다오."

아폴론과 아르테미스는 바람처럼 날아가서, 테베 시의 탑 위에 내렸다. 성문 옆 들판에서는 젊은이들이 전쟁놀이를 하고 있었는데, 그 중에는 니오베의 아들들도 있었다.

"자, 시작해 볼까?"

아폴론은 활을 들고, 니오베의 장남 이스메노스를 향해 화살을 쏘았다. 말을 타고 달리던 이스메노스는 그대로 땅 위에 떨어져 죽고 말았다. 다른 아들 둘은 소리를 지르며 도망치려고 했지만, 아폴론의 화살을 피할 수는 없었다.

운동장에서는 니오베의 어린 아들 둘이 씨름을 하고 있었다. 가슴을 맞대고 있는 둘에게도 화살은 날아갔다. 한 화살에 둘은 목숨을 잃고 말았다. 그들을 도우려고 달려가던 형 알페노르도 화살에 맞고 죽음을 맞았다.

남은 아들은 일리오네우스뿐이었다.

"신이시여! 저를 살려 주시옵소서."

일리오네우스는 간절하게 기도했다. 기도 소리를 듣자, 아폴론은 그를 살려 주고 싶어졌다. 하지만 화살이 이미 그의 손을 떠난 후였다.

테베 시 전체가 슬픔에 빠졌다. 니오베는 신들이 그런 일을 했다는 것에 무척 화가 났다. 또 그런 능력이 있다는 것에 대해서는 무척 놀랐다. 니오베의 남편 암피온은 슬픈 소식을 듣고는 충격을 받아서 자살하고 말았다. 니오베는 남편과 아들들의 시체에 키스하고, 하늘을 향해 소리쳤다.

"이 매정한 여신이여! 당신은 이런 끔찍한 일을 저지르고 웃고 있겠지요? 하지만 당신이 완전히 이긴 것은 아닙니다. 나에겐 아직 일곱 딸이 있으니까요!"

니오베의 말이 미처 다 끝나기도 전에, 화살이 날아오기 시작했다. 첫째 딸이 앞에 있는 오빠의 시체 위로 쓰러지고, 니오베를 위로하던 둘째 딸이 땅 위에 쓰러져 죽었다. 도망치던 셋째 딸도, 숨었던 넷째 딸도, 그 자리에서 떨기만 하던 다섯째 딸도 모두 목숨을 잃었다.

잇달아 여섯 명의 딸이 죽고난 후, 하나 남은 막내딸이 니오베의 품으로 파고들었다.

"이제 제 잘못을 알겠습니다. 그 많던 자식을 다 데려가셨으니, 마지막 남은 이 애만은 제발 살려 주십시오!"

하지만 아르테미스는 멈추지 않았다. 결국 막내딸도 니오베의 품안에서 죽고 말았다. 남편과 일곱 아들, 일곱 딸을 잃은 니오베는, 그 자리에 돌처럼 가만히 앉아 있었다. 니오베의 얼굴은 죽은 사람처럼 창백했다. 눈도 깜박이지 않았고, 혀는 말라붙은 듯이 굳어 버렸다. 바람이 불어도 니오베의 머리카락은 흩날리지 않았다. 더 이상 걸을 수도 없었다.

니오베의 몸은 조금씩 돌로 변하고 있었다. 얼굴에서 손, 손에서 발이 차츰 돌이 되었다. 나중에는 핏줄 하나까지도 돌이 되었다. 그러나 돌이 된 니오베의 눈에서는 눈물이 흐르고 있었다.

얼마 후, 세찬 바람이 불어서 돌이 된 니오베를 고향 산으로 옮겨 주었다. 그 돌에서는 지금도 물이 흘러내리고 있어서, 그녀의 슬픔을 알려 주고 있다.

페르세우스와 메두사

그리스의 아르고스 왕에게는 쌍둥이 아들이 있었다. 이 쌍둥이 왕자는 항상 싸우기만 했다. 왕위를 놓고 다툴 때에는 더욱더 싸움이 잦아졌다.

결국 왕위는 쌍둥이의 하나인 아크리시우스에게 돌아갔다. 하루는 아크리시우스에게 예언자가 찾아왔다.

"제가 당신의 운명에 대해서 말씀드리겠습니다. 임금님께서는 형제와 싸운 벌로 그렇게 배반당하게 될 것입니다. 그리고 피를 나눈 형제에게 벌을 주었으므로, 다나에 공주의 아이에 의해서 죽게 될 것입니다. 아무리 막으려 해도 소용 없는 일입니다. 신이 정하신 일이니까요."

아크리시우스 왕은 무척 화가 났지만, 못된 행동을 고치기는커녕 가족들에게 더욱더 못되게 굴었다.

'다나에의 아이에게 죽게 된다고? 그렇다면 다나에가 아기를 낳지 못하게 하면 되겠네.'

아크리시우스 왕은 다나에 공주를 탑 안에 가두고, 아무도 들어가지 못하도록 청동으로 둘러쌌다.

"이제 다나에가 아기를 낳을 일은 없어! 하하하!"

청동탑에 갇힌 다나에는 아무런 희망도 없이 하루하루를 지냈다. 어느 날, 제우스는 안타까운 다나에의 모습을 보게 되었다. 제우스는 자신의 몸을 황금빛 비로 바꾸어서 탑 안으로 들어갔다. 그리고 다나에를 포근히 감싸주었다. 그 후, 다나에는 아기를 갖게 되었다. 다나에는 아무도 몰래 아기를 낳고, 청동탑 안에서 키웠다.

"아가야, 네 이름은 페르세우스야. 이런 탑 안에서 답답하게 지내게 해서 정말 미안해."

그런데 얼마 후, 아크리시우스 왕이 그 사실을 알게 되었다.

"당장 다나에와 아기를 데려오너라!"

아크리시우스 왕은 다나에의 품안에 꼭 안겨 있는 아기를 보았다. 그 어떤 아기보다도 사랑스러웠지만, 아크리시우스 왕은 아기를 받아들일 수 없었다.

'내 손자를 죽여야 하다니……'

아크리시우스는 무거운 마음을 억누른 채, 다나에와 페르세우스를 방주에 태워서 넓은 바다에 띄워 보냈다. 거센 파도에 휩쓸려 바다를 떠다니다 보면, 직접 죽이지 않아도 저절로 죽게 될 거라고 생각했던 것이다.

다나에와 페르세우스를 태운 방주는 세찬 파도에 흔들리며 떠갔다. 다나에는 곤히 잠든 아기를 끌어안고 하염없이 눈물을 흘렸다.

"불쌍한 내 아가, 조금만 참자. 우린 꼭 살 수 있을 거야."

하지만 눈에 보이는 것은 푸른 바다뿐이었다. 아무리 가도 섬은 찾아볼 수가 없었다. 아무런 희망도 갖지 못하고 방주는 그렇게 흘러만 갔다.

그러던 어느 날, 눈앞에 거대한 절벽이 나타났다. 그리고 방주는 누군가에 의해서 해안으로 끌려갔다. 방주를 힘차게 끌어당기고 있는 사람은 바로 어부 딕티스였다.

그 곳은 세리포스라는 섬이었다. 딕티스의 동생인 폴리덱테스가 세리포스의 왕이었다.

자식이 없었던 딕티스 부부는, 다나에와 페르세우스를 친딸과 손자처럼 아껴 주었다. 딕티스의 집에서 다나에와 페르세우스는 슬픔을 잊고 행복하게 지낼 수 있었다. 페르세우스는 딕티스의 엄한 가르침을 받으며 훌륭하게 자랐다. 보통 사람보다 머리 하나는 더 컸고, 무슨 일이든지 다른 사람들보다 뛰어나게 잘했다. 또한 용감하고, 정직하고, 사람들을 무척 사랑했다.

어느 날, 다나에를 보게 된 폴리덱테스 왕은 다나에를 왕비로 삼으려고 했다. 하지만 늠름한 페르세우스가 걸림돌이었다. 결국 폴리덱테스 왕은 페르세우스를 없앨 계획을 세웠다.

폴리덱테스 왕은 큰 잔치를 열고, 세리포스 섬에 사는 사람들을 초대했다. 그 날 초대받은 사람들은 왕 앞에 나와서 인사를 드리고 선물을 바쳐야 했다. 하지만 가난한 페르세우스에게는, 선물할 것이 아무것도 없었다.

페르세우스가 인사를 드릴 차례가 되었지만, 페르세우스는 빈손을 감추며 머뭇거리고 있었다. 그러자 폴리덱테스 왕은 음흉한 미소를 지으면서 말했다.

"흐흠, 귀한 선물을 가져온 것이 분명하구나."

그러자 페르세우스는 몹시 당황하여 말했다.

"제가 선물을 깜빡 잊었습니다. 다른 사람에게 뒤지지 않는 훌륭한 선물을 가지고 올 테니 조금만 기다려 주십시오."

폴리덱테스 왕은 기다렸다는 듯이 말했다.

"그래? 그렇다면 지금 당장 메두사의 머리를 가져오너라."

페르세우스는 무시하는 듯한 폴리덱테스 왕의 태도를 참지 못하고 큰 소리로 외쳤다.

"당장 메두사의 머리를 베어다가 바치겠습니다!"

페르세우스의 모습을 보면서, 폴리덱테스는 만족스러운 미소를 보였다.

'네가 걸려들었구나. 네가 돌아올 수 있는지 없는지 두고 보자.'

메두사를 찾아내는 일은 결코 쉽지 않았다. 메두사를 찾는다 해도 페르세우스가 살아 돌아오는 일은 있을 수 없었다.

메두사는 고르곤 세 자매 중에 둘째였다. 메두사의 머리에는 수천 마리의 뱀이 입을 벌리고 있었고, 손에는 날카롭고 뾰족한 금속 손톱이 있었다. 메두사의 머리를 한 번 쳐다본 사람은 그 자리에서 돌이 되었다. 그래서 메두사의 동굴 주위에는, 돌이 된 사람과 동물들이 하늘의 별처럼 많았다. 메두사는 사람처럼 수명이 다하면 죽지만, 다른 고르곤

들은 절대 죽지 않았다.

페르세우스는 폴리덱테스의 흉계에 말려든 것을 깨닫고 후회했지만 소용 없었다. 끝까지 자신만만하게 폴리덱테스를 마주하던 페르세우스는 당당하게 궁전에서 나왔다. 그리고 세리포스 섬의 한가운데 솟아 있는 언덕으로 올라갔다.

"내 힘으로 어떻게 메두사를 죽인단 말인가?"

한참 동안 궁리를 했지만, 아무런 해답도 얻을 수 없었다. 그 때, 페르세우스 앞에 아테나가 나타났다.

"페르세우스, 힘을 내거라! 너는 위대한 신 제우스님의 아들이다. 네가 이렇게 기운 없이 앉아만 있으면, 제우스님께서 어떻게 생각하시겠니? 어서 일어나서 메두사의 목을 가져오너라."

아테나는 메두사를 무찌를 수 있는 방법을 자세하게 일러주었다. 그리고 예전에 신들이 티탄들과 싸웠을 때 사용했던 칼을 주었다. 그것은 헤파이스토스가 온 정성을 다해서 만든 것이었다.

"자, 이 칼을 가지고 메두사의 목을 내리쳐라!"

페르세우스는 아테나와 다른 신들의 가르침을 받고 먼 길을 떠났다.

페르세우스가 가장 먼저 간 곳은 그라이아이 세 자매가 있는 곳이었다. 그라이아이들은 머리가 하얀 할머니들이었는데, 메두사를 물리치는 데 필요한 물건을 가지고 있는 요정들을 알고 있었다. 그라이아이들은 눈이 하나밖에 없어서 서로 번갈아 가면서 사용했다.

페르세우스가 그라이아이 자매들에게 도착했을 때, 그들은 눈이 땅에 떨어져서 싸우고 있었다. 페르세우스는 얼른 그 눈을 집어들었다.

"너희들의 눈이 여기에 있다. 요정이 사는 곳을 알려주면 돌려주고, 알려주지 않으면 멀리 던져 버릴 거야!"

"물어보는 것은 무엇이든지 가르쳐 줄 테니 어서 눈을 다오."

그라이아이 자매들은 울면서 애원했다.

페르세우스는 그라이아이 자매들에게 요정이 사는 곳을 들은 후, 눈을 돌려주고 그 곳을 떠났다.

얼마 후, 페르세우스는 요정이 사는 곳에 도착했다. 요정들은 갑자기 나타난 페르세우스 때문에 놀라기는 했지만, 메두사가 사는 곳을 자세히 알려주었다. 그리고 신들처럼 날아다닐 수 있는 날개 달린 신발과, 입으면 모습이 보이지 않는 옷, 메두사의 머리를 넣을 수 있는 자루도 주었다.

요정들과 헤어진 페르세우스는 날개 달린 신발을 신고 힘차게 하늘로 날아올랐다.

푸른 들판과 높은 산이 저 아래 아득히 보였다. 아름다운 바다는 잔잔하게 흘러가고 있었다. 페르세우스는 아름다운 자연을 내려다보며, 세상의 서쪽 끝으로 날아갔다.

그런데 평화롭고 화사하던 세상이 갑자기 어두워지기 시작했다. 알 수 없는 슬픔이 온 땅을 감싸고 있었다. 여기저기에 인간과 동물, 나무와 풀의 모습을 한 바위들이 흩어져 있었다. 페르세우스는 곧 모든 이유를 알 수 있었다. 그렇게도 찾아 헤매던 메두사의 땅에 온 것이다.

페르세우스는 아테나 여신에게 간절하게 기도했다.

"아테나 여신이시여! 제가 메두사를 물리치고 무사히 어머니에게로 돌아갈 수 있도록 힘을 주십시오."

그러자, 모습을 감추고 페르세우스를 뒤따라오던 아테나가 모습을 드러냈다.

"그래, 그토록 기다리던 때가 왔구나. 제우스님의 아들답게 용감하게 싸워라. 너는 꼭 메두사를 물리칠 수 있을 거야! 단 한 가지 잊지 말아야 할 것이 있다. 메두사의 얼굴을 보아서는 안 된다."

"메두사를 보지 않으면 어떻게 싸울 수 있지요?"

"자, 이 방패를 받아라. 꼭 이 방패에 비친 모습만 보아야 한다. 알았느냐?"

아테나는 페르세우스를 바라보며 말을 이었다.

"메두사는 원래 아름다운 여자였단다. 하지만 나에게 무례하게 굴고 잘난 체했기 때문에 지금의 흉한 모습이 되었던 거야. 찰랑찰랑하던 아름다운 머리카락은 수천 마리의 뱀으로 변해 버렸지. 메두사가 잠자고 있을 때 단칼에 베어 버리거라. 그 때를 놓치면 메두사는 하늘로 올라가 버리고 말 거야. 그러니까 그 기회를 절대로 놓치지 말아라!"

페르세우스는 아테나의 명령대로 입으면 모습이 보이지 않는 옷을 입고, 자루를 허리에 찼다. 또 한 손에는 아테나의 방패를 들고, 다른 손에는 칼을 들고 있었다.

페르세우스는 방패를 통해서 주위를 살폈다. 곧 자고 있는 세 여자의 모습을 볼 수 있었다. 고르곤 세 자매의 흉한 모습에 페르세우스는 너무 놀라고 말았다.

방패를 통해 자매들의 모습을 자세히 살피던 페르세우스는 끔찍한 메두사의 모습을 보고 다시 한 번 놀랐다. 용의 비늘로 덮여 있는 온몸, 청동으로 된 팔에는 긴 손톱이 자라고 있었고, 머리에는 수천 마리의 뱀이 빨간 혀를 날름거리고 있었다.

그 순간, 갑자기 메두사가 몸을 뒤척이며 일어나려고 했다. 페르세우스는 너무 놀라서 방패를 떨어뜨릴 뻔했다.

"꼭 메두사의 머리를 가져가야 해!"

페르세우스는 칼을 쥔 손에 힘을 쏟아붓고, 메두사의 머리를 힘껏 내리쳤다.

"크악!"

메두사의 비명 소리와 함께, 메두사의 머리가 땅바닥으로 떨어졌다. 페르세우스는 메두사의 머리를 보지 않으려고 고개를 돌린 채, 얼른 자루에 넣었다. 그리고 하늘 높이 올라갔다. 메두사의 비명 소리에 잠에서 깨어난 고르곤들은, 페르세우스를 찾고 있었다. 하지만 페르세우스는 입으면 모습이 보이지 않는 옷을 입고 있었기 때문에, 고르곤들은 허둥대고 있었다.

메두사의 머리를 넣은 자루에서는 그의 피가 뚝뚝 떨어졌다. 그 피는 곧 독사로 변했다.

고르곤들은 피와 독사를 보고, 페르세우스의 뒤를 따라왔다. 무서운 속도로 따라붙은 고르곤들은, 날카로운 손톱을 뻗어 페르세우스를 잡으려고 했다.

그 순간 아테나는 얼른 페르세우스를 잡아끌었다. 그리고 제우스는 헤르메스에게 명령하여, 날개 달린 신발이 더 빠르게 날아갈 수 있도록 했다. 페르세우스는 무사히 어머니가 있는 곳으로 떠날 수 있었다.

"어서 가자, 못된 폴리덱테스가 그 동안 무슨 짓을 했을지도 몰라."

하루를 꼬박 날아가던 페르세우스는 어느 나라에서 잠시 쉬기로 했다. 그 나라는 거인 아틀라스가 다스리는 곳이었다. 그 곳에는 양, 소, 돼지가 많았고, 전쟁을 일으킬 이웃나라도 없었다. 그리고 그 곳에는 황금 사과가 열리는 나무가 있었다. 금 가지와 금 잎으로 둘러싸인 나무에는 황금 사과가 매달려 있었다.

페르세우스는 아틀라스에게 다가갔다.

"저는 제우스 신의 아들입니다. 지금 메두사를 처치하고 오는 길입니다. 쉴 곳과 음식을 주신다면 정말 감사하겠습니다."

그 때 아틀라스의 머릿속에 한 신탁이 떠올랐다. 언젠가 제우스의 아들이 나타나서 자신의 황금 사과를 빼앗을 것이라는 신탁이었다.

"돌아가시오. 당신이 무슨 말을 해도 나는 흔들리지 않을 것이오."

페르세우스는 아틀라스와 맞서기에는 자신이 너무 약하다는 것을 알았다.

"좋소. 당신에게 선물을 하나 주고 가겠소."

페르세우스는 얼굴을 옆으로 돌리면서 메두사의 머리를 꺼냈다. 그러자 아틀라스의 몸은 돌로 변했다. 수염과 머리카락은 숲이 되었고, 팔과 어깨는 절벽이 되었다. 머리는 산꼭대기로, 뼈는 바위로 변했다.

하늘은 거대한 산이 된 아틀라스의 어깨 위로, 별을 거느린 채 내려앉았다.

다시 세리포스 섬을 향해 날아가던 페르세우스는 푸른 산을 지나고, 아름다운 강을 건너, 어느 사막 위를 날게 되었다. 불처럼 뜨거운 사막 위에는 편히 쉴 곳이 없었다. 꼬박 하루를 사막 위를 날아가던 페르세우스는 철썩이는 파도 소리를 듣게 되었다.

"바다다! 저기서 좀 쉬어야겠다."

페르세우스는 아무도 없는 바닷가의 바위로 내려왔다. 그런데 그 곳에는 뜻밖에도 아름다운 소녀가 쇠사슬에 묶여 있었다. 페르세우스는 재빨리 칼로 쇠사슬을 끊고 물었다.

"아니, 아름다운 아가씨가 이게 무슨 일입니까?"

소녀는 갑자기 들려오는 목소리에 무척 놀랐다. 그리고 주위를 두리번거리기 시작했다.

페르세우스는 입으면 모습이 보이지 않는 옷을 재빨리 벗었다. 페르세우스의 모습을 본 소녀가 또다시 놀라자, 그는 물었다.

"이게 도대체 어떻게 된 일입니까? 누가 이런 끔찍한 일을 저질렀습니까?"

"저는 이 에티오피아의 공주 안드로메다입니다. 저의 어머니인 카시오페이아 왕비는 자신이 바다의 여신보다 미인이라고 자랑을 하셨답니다. 그 일로 바다의 여신은 무척 화가 나서, 바다의 신에게 벌을 주라고 했지요. 그래서 제가 바다의 신이 보낸 괴물의 먹이로 이렇게 잡혀 있었습니다. 아마 그 바다 괴물은 이 곳을 향해서 열심히 헤엄쳐 오고 있을 거예요."

페르세우스는 울먹이는 안드로메다를 다정하게 달래 주었다.

"아무 걱정 말아요. 나는 메두사를 물리친 페르세우스입니다. 저기 몰려오는 파도가 거센 것을 보니, 괴물이 오고 있는 것 같군요. 내가 꼭 괴물을 물리치겠습니다. 공주님은 어서 저 바위 뒤로 가서 숨으세요. 공주님을 위해서라면 어떠한 위험도 두렵지 않습니다."

파도가 더 가까이 오자 페르세우스는 고개를 돌리고, 메두사의 머리를 꺼냈다. 잠시 후, 거센 파도 속에서 무시무시한 괴성과 함께 괴물이 나타났다. 괴물은 페르세우스를 삼키려고, 입을 크게 벌렸다. 페르세우스는 그 순간, 괴물 앞에 메두사의 머리를 들이밀었다.

거센 파도 속에서 입을 크게 벌린 괴물은 그대로 돌이 되고 말았다. 지금도 에티오피아의 해안에 가면, 안드로메다가 묶였던 바위를 마주보는 괴물 모습을 한 커다란 바위가 있다고 한다. 안드로메다는 페르세우스에게 달려나와 기뻐서 어쩔 줄을 몰랐다.

"정말 감사합니다. 어서 궁전으로 가세요. 저희 부모님께서도 보고 싶어하실 거예요."

"안드로메다, 저는 당신과 결혼하고 싶습니다. 처음 보았을 때부터 당신을 위해서라면 내 목숨도 바칠 수 있다고 생각했습니다. 저와 결혼해 주십시오."

페르세우스는 안드로메다의 손을 꼭 붙잡고 놓지 않았다. 안드로메다의 궁전에서는 안드로메다가 괴물에게 살해당한 것으로 여기고 장례식을 치르고 있었다. 장례 행렬의 맨 앞에는 자신의 잘못으로 딸을 제물로 바친 카시오페이아 왕비가 거의 정신을 차리지 못한 채로 걸어가고 있었다.

"어머니, 아버지! 안드로메다가 왔어요!"

안드로메다는 왕과 왕비 앞으로 달려갔다.

"오! 내 딸, 네가 정말 안드로메다란 말이냐?"

왕과 왕비는 건강하게 살아 돌아온 안드로메다를 품에 안고, 감격의 눈물을 흘렸다.

안드로메다는 자신을 구해 준 페르세우스를 소개했다. 왕과 왕비는 늠름한 페르세우스의 모습을 보고 무척 기뻐했다. 안드로메다의 장례식은 곧 결혼식으로 바뀌었다.

그런데 그 때 안드로메다의 약혼자였던 피네우스가 부하들을 이끌고 나타났다.

"안드로메다는 나와 결혼할 사이다. 어서 멈추어라!"

그러자 케페우스가 나서서 말했다.

"자네는 그럴 자격이 없네. 내 딸과 결혼하고 싶었다면 내 딸이 바위에 묶여 있을 때 구했어야 했어. 우리의 약속은 없었던 일이 된 것이야."

피네우스는 아무 말도 하지 않고 페르세우스에게 창을 던졌다. 그러나 피네우스의 창은 페르세우스를 찌르지 못했다. 이번에는 페르세우스가 창을 던졌다. 그러자 피네우스는 제단 뒤로 숨었다.

흥겨운 잔치를 벌이던 곳은 곧 싸움터로 변하고 말았다. 하지만 페르세우스 쪽이 불리한 싸움이었다. 왜냐하면 피네우스 쪽이 훨씬 수가 많았기 때문이었다. 그 때 페르세우스의 머릿속에 한가지 생각이 떠올랐다.

'그래, 메두사!'

페르세우스는 큰 소리로 외쳤다.

"나의 편은 고개를 돌려라!"

그리고 페르세우스는 메두사의 머리를 높이 쳐들었다. 피네우스의 부하들은 한 명씩 한 명씩 돌이 되었다.

"이봐! 이게 어떻게 된 일이야?"

피네우스는 페르세우스 앞에 무릎을 꿇고 용서를 빌었다.

"제발 목숨만은 살려 주십시오."

"비겁한 놈! 너도 무사하지는 못할 것이다!"

페르세우스는 피네우스가 바라보는 쪽으로 메두사의 머리를 들이밀었다. 피네우스는 무릎을 꿇은 채로 돌이 되고 말았다.

페르세우스는 안드로메다를 데리고 세리포스 섬을 향해 떠났다. 조금이라도 빨리 어머니 다나에를 구해야 했기 때문이었다.

세리포스 섬에 도착한 후, 페르세우스는 딕티스의 집으로 달려갔다. 생각했던 대로 다나에는 그 곳에 없었다. 페르세우스는 폴리덱테스 왕의 궁전으로 달려갔다.

그 곳에서는 폴리덱테스와 다나에의 결혼식을 앞두고 잔치가 벌어지고 있었다. 폴리덱테스 왕은 페르세우스가 다시는 돌아오지 못할 것이라고 확신했던 것이다.

그러나 더 늠름해진 모습으로 페르세우스가 왕 앞으로 다가갔다. 그런 페르세우스를 선뜻 알아보는 사람은 없었다. 그 때, 하인 한 사람이 소리쳤다.

"페르세우스다!"

페르세우스는 폴리덱테스를 바라보며 큰 소리로 외쳤다.

"페르세우스가 여기에 왔다! 네가 그렇게도 갖고 싶어하던 메두사의 머리를 가져왔으니 실컷 보거라!"

페르세우스는 폴리덱테스의 얼굴 앞에 메두사의 머리를 들이밀었다. 그 순간, 도망가려던 폴리덱테스도, 술을 마시고 있던 사람들도, 몰래 도망가려던 사람도 모두 돌로 변했다. 그리하여 어머니 다나에를 구해 낸 페르세우스는, 자신을 키워 준 딕티스에게 왕위를 넘겨 주고, 세리포스 섬을 떠났다.

그리고 메두사를 물리치는 데 사용했던, 입으면 모습이 보이지 않는 옷과 자루, 날개 달린 신발 등을 신들에게 돌려주었다. 메두사의 머리는 아주 위험한 것이었으므로 아테나에게 주었다. 아테나는 메두사의 머리를 방패 한가운데 넣어서 장식했다.

페르세우스는 어머니 다나에와, 아내가 된 안드로메다를 데리고 고향 아르고스로 떠났다. 자신을 무정하게 버린 사람이지만, 할아버지가 보고 싶기도 했고, 오랫동안 고향을 떠나 힘들게 살았던 어머니를 편히 살게 해 드리고 싶기도 했던 것이다.

하지만 아크리시우스 왕은 그 옛날 신의 예언을 잊지 않고 있었다. 자신을 죽인다는 손자가, 메두사를 무찌른 용감한 영웅이 되어 돌아온다는 소식을 들은 아크리시우스 왕은 그길로 이웃 나라로 떠났다.

이웃 나라의 왕은 아크리시우스 왕을 위해서 운동 경기를 열었다. 그 때, 그 나라를 지나가던 페르세우스는 경기 종목 중 하나인 5종 경기에 나가게 되었다. 5종 경기에는 단거리 달리기, 넓이뛰기, 원반던지기, 창던지기, 레슬링이 있었다.

원반던지기를 할 때였다. 페르세우스가 던진 원반은 경기장을 훌쩍 넘어 관중석으로 날아갔다. 불행하게도 그 원반에 아크리시우스 왕이 맞고 말았다. 아크리시우스 왕은 소리도 지르지 못하고 그 자리에서 죽었다.

신의 예언대로 아크리시우스 왕은 손자의 손에 죽었던 것이다.

페르세우스는 자신의 원반을 맞고 할아버지가 죽자, 할아버지의 나라에 머물 수가 없었다. 그래서 페르세우스는 이웃 나라의 사촌과 나라를 바꾸었다.

티류소스라는 곳을 다스리게 된 페르세우스는, 안드로메다와 함께 튼튼한 성에서 행복하게 살았다.

페르세우스와 안드로메다가 죽자, 제우스는 둘을 하늘로 불러 별자리로 만들어 주었다. 그리고 안드로메다의 부모인 카시오페이아 왕비와 케페우스 왕도 그 옆에 불러 주었다. 괴물을 두려워하며 떨고 있는 안드로메다의 옆에는 카시오페이아 왕비와 케페우스 왕, 그리고 왼손에는 메두사의 머리를 들고, 오른손에는 칼을 든 용감한 페르세우스가 지키고 있다.

테베 이야기

옛날에 페니키아라는 나라가 있었다. 그 나라의 아게노르 왕에게는 아들 셋과 딸 하나가 있었다. 아게노르 왕은 하나뿐인 에우로페 공주를 무척 귀여워했다.

어느 날, 에우로페 공주는 바닷가에서 시녀들과 놀고 있었다. 그 때, 하얀 황소 한 마리가 바다를 헤엄쳐 왔다. 다른 황소와는 다르게 무척 잘생긴 황소였다.

황소는 에우로페에게로 다가가서 재롱을 부리기 시작했다. 에우로페는 처음엔 무서워했지만, 곧 황소에게 다가갔다. 에우로페는 황소와 어울려 즐거운 시간을 보냈다.

얼마 후, 황소가 에우로페에게 다가오더니 천천히 엎드렸다.

"나더러 올라타라는 거야?"

황소는 그렇다는 듯이 눈을 깜빡였다. 에우로페가 등에 올라타자, 황소는 빠른 속도로 바다에 뛰어들어갔다.

"어머나, 이를 어째?"

시녀들은 뒤따라 갈 수 없어서 발만 동동 구르고 있었다. 할 수 없이 궁전으로 돌아온 시녀들은, 아게노르 왕에게 이 사실을 알렸다. 아게노르 왕은 몹시 화가 나서, 세 왕자들에게 에우로페를 찾아오도록 명령했다.

"어서 가거라. 에우로페를 찾지 못하면, 절대 돌아올 수 없을 것이다!"

세 왕자는 에우로페를 찾아 머나먼 길을 떠났다. 첫째인 카드모스는 그리스에까지 오게 되었다.

"도대체 에우로페는 어디로 사라진 거야?"

카드모스는 델포이 신전으로 가서 신의 뜻을 묻기로 했다.

"카드모스야, 에우로페는 절대 찾을 수가 없을 것이다. 그러니 포기하도록 해라. 네가 할 일이 있다. 길을 가는 도중에 암소를 만나게 되면, 그 암소를 따라가거라. 그리고 암소가 지쳐 쓰러지면 그 곳에 도시를 세워라."

결국 카드모스는 신의 뜻에 따라 에우로페를 찾는 일을 포기했다. 그리고 신하를 데리고 북쪽을 향해 길을 떠났다. 산을 따라 여행을 하던 중 카드모스는 소 떼를 만나게 되었다.

'저 소 중에 그 암소가 있을지도 몰라.'

카드모스는 소 떼를 유심히 살폈다. 얼마 후, 암소 한 마리가 소 떼에서 떨어져 나와서 북쪽으로 가기 시작했다.

'그래, 저 암소야!'

카드모스는 그 소의 뒤를 따라갔다. 암소는 쉬지 않고 걸었다. 산을 넘고, 언덕을 지나고, 넓은 들판을 걸어갔다. 얼마 후, 왼쪽에 얕은 언덕이 있고, 근처에 샘물이 솟아나는 곳이 나왔다. 암소는 그곳에 이르자 지쳐 주저앉았다.

"그래, 바로 여기다!"

카드모스는 그곳에 도시를 세우기로 했다.

"목이 마르구나. 저 샘에 가서 물을 길어 오너라."

카드모스는 신하를 샘으로 보냈다. 그런데 그 샘은 전쟁의 신 아레스의 것이었고, 아레스의 아들인 용이 샘을 지키고 있었다. 신하들이 샘가에 다가가자, 용은 신하들을 모두 죽여 버렸다. 카드모스는 몹시 화를 내며 용에게 덤볐다. 하지만 카드모스가 아무리 칼로 찔러도 용의 단단한 비늘을 뚫을 수는 없었다.

"아테나 여신이시여! 저를 도와주십시오."

카드모스는 아테나에게 간절히 기도한 후 다시 칼을 휘둘렀다. 그러자 단단한 용의 비늘을 뚫을 수 있었다. 카드모스는 재빨리 다시 칼을 휘둘러 용을 죽였다.

그 때 아테나 여신이 나타났다.

"어서 용의 이빨을 땅에 뿌리도록 해라."

카드모스가 용의 이빨을 뿌리자, 땅속에서 병사들이 나왔다. 카드모스는 얼른 병사들 사이로 돌을 던졌다. 그러자 병사들은 서로 싸우고 죽이기 시작했다. 얼마 후에는 병사들이 다섯 명밖에 남지 않게 되었다.

카드모스는 그 병사들 앞으로 나아가서 그들을 부하로 삼았다. 그리고 그 땅에 '테베'라는 도시를 세웠다. 카드모스는 아테나 여신의 도움을 받아서 테베의 왕이 될 수 있었다. 그리고 하늘나라의 하르모니아를 아내로 맞아들였다. 하늘나라의 신들은 모두 내려와서, 두 사람의 결혼을 축복해 주었다. 카드모스는 아름다운 신부에게, 하늘나라에서 받은 옷과 목걸이를 선물했다. 하지만 이후에 이 선물 때문에 많은 사람들이 큰 해를 당하게 되었다.

세월이 흘러 라이오스가 테베의 왕이 되었다. 라이오스는 왕이 되기 전에, 페로푸스 왕의 궁전에 머무른 적이 있었다. 그 때 페로푸스 왕의 아들 크류시포스가 전차 타는 법을 가르쳐 달라고 졸랐다. 라이오스는 페로푸스 왕의 은혜를 저버리고, 왕자를 데리고 도망쳤다. 이 일로 라이오스는 페로푸스 왕의 미움을 사게 되었다.

라이오스가 왕이 된 후, 신탁을 받게 되었다.

"사내아이를 낳게 되면, 너는 그 아이의 손에 죽게 될 것이다!"

라이오스는 불안에 떨며 하루하루를 보냈다. 그런데 그에게 정말 아들이 태어났다.

"불쌍하지만 어쩔 수 없소. 아이를 당장 버리시오!"

왕비가 하염없이 눈물을 흘리며 라이오스 왕을 설득했지만, 라이오스의 마음을 바꿀 수는 없었다.

왕비는 양치기에게 아기를 건네주었다.

자신이 버림받는다는 것을 알 리가 없는 아기는 양치기를 보며 생긋 웃었다.

'이렇게 어린 아기를 산속에 버리면 굶어 죽거나, 얼어 죽거나, 아니면 짐승의 밥이 될 거야. 어떡하지?'

양치기는 아기를 안고 산속을 헤매 다녔다. 결국 그는 아기의 발을 묶어서 나뭇가지에 매달고 그곳을 떠났다.

얼마 후, 한 농부가 아기를 발견하게 되었다. 그는 아기를 지주 부부에게 데려다 주었다.

"정말 귀엽게 생겼군."

"아기의 발이 부어 있으니, 이름을 오이디푸스(부은 발)라고 지어야겠어요."

오이디푸스는 지주 부부의 보살핌을 받으며 씩씩한 청년으로 자라났다.

어느 날, 오이디푸스는 이륜차를 몰고 좁은 길을 지나고 있었다. 그 때 맞은편에서는 역시 이륜차를 탄 라이오스가 오고 있었다. 둘 중 한 사람은 비켜야만 그 길을 지나갈 수 있었다.

"어서 비키도록 하라!"

"내가 왜 비킨단 말이오? 당신이 비키시오!"

두 사람은 양보하지 않고, 팽팽하게 맞서고 있었다.

그 때 라이오스의 시종이 오이디푸스의 말을 죽였다. 그러자 몹시 화가 난 오이디푸스는 라이오스와 그의 시종을 죽이고 말았다.

그 후, 테베에는 스핑크스라는 괴물이 나타나서 사람들을 괴롭혔다. 스핑크스는 얼굴은 사람이었지만, 가슴과 다리와 꼬리는 사자, 그리고 새의 날개를 갖고 있었다.

스핑크스는 바위 위에 웅크리고 앉아 있다가, 사람이 지나가면 수수께끼를 냈다. 스핑크스는 사람들이 수수께끼를 풀면 보내 주고, 풀지 못하면 죽여 버렸다. 사람들에게 수수께끼를 내서 맞히지 못하면, 모두 잡아먹었다.

오이디푸스도 그 이야기를 듣게 되었다.

'나도 한번 풀어 볼까?'

오이디푸스가 다가가자, 스핑크스가 말했다.

"자, 이 수수께끼를 풀어 보거라. 아침에는 네 발이고, 점심에는 두 발, 저녁에는 세 발인 것이 무엇이냐?"

"하하하, 무척 쉽구나. 그것은 바로 사람이다! 아기 때에는 기어다니니 네 발이고, 그 후에는 두 발, 늙으면 지팡이를 짚으니까 세 발이 아니더냐?"

오이디푸스의 당당한 대답을 들은 스핑크스는, 소리를 지르며 절벽에서 몸을 던져 죽어 버렸다. 테베 사람들은 무척 고마워하며 오이디푸스를 왕으로 모셨다. 그리고 이오카스테 왕비와 결혼하게 했다. 둘은 폴리네이케스와 에테오클레스라는 두 아들, 안티고네와 이스메네라는 두 딸을 낳고 행복하게 살았다.

그러던 어느 해, 테베에 무서운 전염병이 퍼졌다. 끊임없이 사람들이 쓰러졌고, 가축들도 죽어갔다. 가뭄이 들어서 들판은 모두 말라 버렸다. 백성들은 모두 궁전 앞에 모여서 오이디푸스에게 소리쳤다.

"왕이시여, 이게 무슨 일입니까? 누군가가 신을 화나게 만들었기 때문에 이런 일이 일어나는 것입니다. 이대로 두었다가는 우리 모두 죽고 말 것입니다."

오이디푸스는 신탁을 들어보기로 했다. 그러나 그 신탁에 의해서 오이디푸스의 죄가 드러나고 말았다.

충격을 받은 이오카스테는 자살하고, 오이디푸스는 두 눈이 찔려서 장님이 되었다. 그리고 테베에서 쫓겨나 여러 나라를 돌아다니며 살게 되었다. 앞 못 보는 오이디푸스의 눈이 되어 준 사람은, 바로 딸 안티고네였다. 안티고네는 테베의 편안한 생활을 버리고, 아버지 오이디푸스를 정성껏 보살폈다.

오이디푸스의 두 아들 폴리네이케스와 에테오클레스는 1년씩 나라를 다스리기로 했다. 처음에는 에테오클레스가 왕이 되었다. 그러나 욕심이 생긴 에테오클레스는 폴리네이케스가 왕이 될 차례가 되자, 그를 테베에서 쫓아냈다.

폴리네이케스는 그 옛날 카드모스와 하르모니아가 결혼할 때 신들이 준 선물을 가지고 남쪽 아르고스의 아드라스토스 왕에게 갔다. 아드라스토스 왕의 힘을 빌려서, 에테오클레스를 몰아낼 생각이었다. 그런데 예언자 암피아라오스 때문에 병사들의 마음을 돌리기가 쉽지 않았다. 그가 테베를 공격하면, 아드라스토스 외에는 모두 죽는다는 예언을 했기 때문이었다.

'병사들의 마음을 돌릴 수 있는 방법이 없을까?'

곰곰이 생각하던 폴리네이케스는, 아드라스토스 왕과 암피아라오스의 사이가 나빠졌을 때, 왕이 화해를 청하면서 동생 에리필레를 아내로 주었다는 이야기를 듣게 되었다. 그리고 그 때 둘 사이에 다툼이 생기면, 에리필레가 심판을 보기로 했다는 이야기도 들었다.

'그래, 이렇게 하자!'

폴리네이케스는 하르모니아의 목걸이를 들고 에리필레를 찾아갔다. 이 일을 미리 알고 있었던 암피아라오스가 주의를 주었지만, 에리필레는 목걸이를 보고 마음이 흔들렸다.

"좋아요, 테베를 공격하도록 하세요!"

아드라스토스는 곧 일곱 명의 용사들을 뽑았다. 그 중에는 암피아라오스도 포함되어 있었다. 암피아라오스는 억지로 테베로 떠나면서, 아들 알크마이온에게 원수를 갚아달라고 부탁했다. 일곱 명의 용사들은 서둘러 테베로 갔다.

테베의 왕 에테오클레스는 성문을 굳게 닫고, 적들의 공격에 대비하고 있었다.

그 때, 다시 아폴론의 계시가 있었다.

"오이디푸스가 있는 곳에 승리가 따를 것이니라."

이 계시를 듣자, 오이디푸스가 테베를 떠날 때에는 본 척도 하지 않았던 폴리네이케스와 에테오클레스는 오이디푸스를 찾기 시작했다.

안티고네의 보살핌을 받으며 그리스의 이곳 저곳을 헤매던 오이디푸스는 아테네 근처의 숲에 이르렀다.

"안티고네, 이 곳은 어디니? 무척 좋은 향기가 나는구나."

"이 곳은 아테네 근처에 있는 숲이에요. 그리고 저 앞에는 에우메니데스 여신의 신전이 있어요."

"그래, 이제 나는 힘겨운 여행을 하지 않아도 되겠구나. 그 동안 너를 힘들게 해서 미안하구나. 예전에 아폴론 신께서 나에게 말씀하셨단다. 에우메니데스 여신이 모셔진 곳에서 내가 죽을 것이고, 내가 묻힌 땅에는 축복이, 내가 쫓겨난 땅에는 저주가 깃들 것이라고 말이야."

오이디푸스는 바위에 걸터앉아서 그 동안의 힘들었던 삶을 떠올렸다. 그 때, 마을 사람들이 몰려와서 그를 내쫓으려고 했다.

"이 나라의 왕은 누구인가?"

"늙은 거지가 그것은 알아서 무엇 하려고? 그 위대한 테세우스님이 우리의 왕이시다. 이제 알았으니 어서 나가거라!"

"테세우스님께 하고 싶은 말이 있다. 테세우스님을 이 곳으로 불러다오."

그 말을 들은 사람들은 화를 내며 오이디푸스를 마구 밀었다.

"나는 테베의 왕 오이디푸스다! 꼭 말을 전해야 하니 어서 불러다오."

그가 오이디푸스라는 사실을 알게 되자, 사람들은 쏜살같이 테세우스에게 달려갔다.

"오이디푸스가 여신의 숲에 들어갔습니다. 어서 쫓아 주십시오!"

테세우스는 숲으로 갔다. 그 곳에는 초라한 두 사람이 있을 뿐이었다.

"당신이 정말 오이디푸스 왕이오?"

"테세우스 왕입니까? 당신께 부탁드릴 것이 있습니다. 저를 이 곳에 묻어 주십시오. 제가 묻힌 곳에는 분명히 축복이 따를 것이라고 신께서 말씀하셨습니다."

테세우스는 거리낌없이 승낙했다.

오이디푸스는 테세우스가 지켜보는 가운데, 숲 속을 헤치고 들어갔다. 그리고 그를 위해 열려 있던 땅 속으로 들어갔다고 한다. 테세우스 외에는 아무도 그 곳을 알지 못했다.

테베를 공격하는 일곱 용사들과 테베의 용사들이 오이디푸스를 데리러 왔지만 소용없는 일이었다. 결국 전쟁이 시작되고 말았다.

테베의 성에는 문이 일곱 개 있었다. 일곱 명의 용사들은 문을 하나씩 맡고 앞으로 나아갔다. 그들에게 맞서지 못한 테베의 용사들은, 쫓기다가 모두 성안으로 도망쳤다.

'이러다가는 테베가 무너지고 말겠구나.'

테베의 왕 에테오클레스는 폴리네이케스가 공격하고 있는 문으로 나아갔다. 두 형제는 격렬하게 싸우다가 서로의 칼에 찔려 죽고 말았다. 왕이 죽자, 테베의 용사들은 일곱 개의 문에서 우르르 몰려나왔다. 무섭게 돌진하는 용사들을 막지 못하고, 아르고스의 일곱 용사들은 아드라스토스 왕을 제외하고 모두 죽고 말았다. 아드라스토스 왕은 신의 말이 모는 마차를 타고 있었기 때문에, 그 누구도 따라갈 수 없었다.

크레온이 다시 테베의 왕이 되었다. 크레온은 전쟁에 나가 목숨을 잃은 군인들을 위해서 성대하게 장례식을 치러 주었다. 그렇지만 적군의 시체는 그대로 두도록 명령했다.

적군의 시체는 들판에서 짐승의 먹이가 되고 있었다. 그 중에는 폴리네이케스의 시체도 있었다.

안티고네는 오빠의 시체가 버려진 것을 두고 볼 수가 없었다. 그래서 그녀는 깊은 밤 아무도 몰래, 폴리네이케스의 시체를 찾아다녔다. 사나운 짐승들이 돌아다니고 있었지만, 그녀는 아무것도 겁내지 않았다. 하지만 혼자 힘으로 시체를 묻는 것은 쉬운 일이 아니었다. 안티고네는 폴리네이케스의 시체 위에 흙을 뿌리며 슬프게 울었다. 그 사실을 알게 된 크레온 왕은 안티고네를 붙잡아 오게 했다.

"어째서 내 명령을 어기는 것이냐? 왕의 명령을 어기면 죽게 된다는 것을 모르느냐?"

"잘 알고 있습니다. 하지만 죽은 오빠를 저렇게 내버려둘 수는 없었습니다."

크레온 왕은 자신의 조카이자, 아들의 약혼녀인 안티고네를 죽일 수 없었다. 그래서 그는 안티고네를 동굴 속에 가두었다. 그러자 안티고네의 약혼자인 크레온의 아들도 함께 동굴로 들어갔다. 두 사람은 조금도 흐트러지지 않고, 동굴 속에서 죽고 말았다.

10년이 지났다. 일곱 명의 용사들의 아들은, 늠름한 청년으로 자라 복수의 날만을 기다리고 있었다. 그들은 암피아라오스의 아들 알크마이온을 대장으로 삼고 전쟁 준비를 했다. 그런데 왕은 알크마이온에게 이상한 명령을 내렸다.

"전쟁에 나가기 전에 네 어머니를 죽이거라."

그래서 알크마이온은 선뜻 전쟁터에 나갈 수가 없었다. 폴리네이케스의 아들 텔산드로스는 하루라도 빨리 테베를 무너뜨리고 자신이 왕이 되고 싶었다. 그래서 그는 에리필레에게 아름다운 옷을 선물하면서 알크마이온을 전쟁터로 보내라고 했다.

"알크마이온, 어서 나가서 아버지의 원수를 갚아 주렴."

어머니 에리필레의 간절한 부탁에 알크마이온은 전쟁터로 나갔다. 전쟁에서 돌아온 알크마이온은, 어머니가 선물에 눈이 멀어서 자신을 전쟁터에 보냈다는 것을 알게 되었다. 그는 몹시 화를 내며 어머니 에리필레를 죽이고 말았다. 어머니를 죽인 죄를 저지른 그는 복수의 여신에게 쫓겨다니다가 결국엔 미치고 말았다.

이곳 저곳을 떠돌아다니던 알크마이온은 피소피스로 가게 되었다. 그곳에서 그는 그동안의 죄를 씻고, 페게우스 왕의 사위가 되었다. 하지만 알크마이온 때문에 피소피스에 흉년이 계속되자, 그는 아내에게 목걸이와 옷을 넘겨주고 길을 떠났다.

또 한참을 돌아다니던 알크마이온은 아켈로우스 강의 신을 만나 죄를 씻고 새로 결혼을 했다. 그렇지만 새 아내 칼리로에에게 보물 이야기를 했다가 또다시 불행을 겪게 되었다.

칼리로에는 보물을 가져다 달라고 알크마이온을 졸라 댔다.

알크마이온은 피소피스에 들어가서, 왕에게 거짓말을 하고 보물을 가져왔다. 하지만 곧 그 거짓말이 들통 나서, 알크마이온은 죽음을 당하고 말았다.

칼리로에는 두 아들이 자라자, 알크마이온의 원수를 갚아달라고 했다. 두 아들은 피소피스에 쳐들어가서, 페게우스 왕을 죽이고 보물을 찾아왔다.

죽음을 불러왔던 이 보물은 델포이 신전에 바쳐졌다. 그 후 저주가 풀려서 그리스에는 평화가 찾아왔다.

이아손의 모험

옛날 테살리아에는 아타마스 왕과 네펠레 왕비가 살고 있었다. 두 사람에게는 아들 프릭소스와 딸 헬레가 있었다. 행복했던 두 사람이었지만, 시간이 갈수록 아타마스 왕은 네펠레 왕비가 싫어졌다. 그래서 아타마스 왕은 네펠레 왕비와 헤어지고, 새 왕비 이노를 맞았다.

이노는 처음에는 프릭소스와 헬레를 잘 보살펴 주었지만, 아이가 생기자 곧 냉담해졌다.

'내 아들이 왕위를 물려받아야 해. 그렇게 하려면 저 애들이 없어져야 하는데…….'

이노는 곧 무서운 계획을 세웠다.

"지금 우리나라에 가뭄이 든 것은 모두 네펠레의 저주 때문이에요. 프릭소스와 헬레를 제우스 신에게 제물로 바치면 가뭄에서 벗어날 수 있을 거예요."

이 말을 들은 네펠레 왕비는 아이들을 살려 달라고 간절히 기도했다. 헤르메스는 네펠레를 가엾게 생각하고, 하늘을 날 수 있는 황금 양을 보내 주었다.

네펠레 왕비는 아이들을 양에 태워서 먼 곳으로 보냈다.

"오빠, 너무 무서워! 너무 높아!"

"헬레, 아래는 보지 말고 오빠만 쳐다봐. 알았지?"

하지만 헬레는 깊은 바다로 떨어지고 말았다. 헬레가 떨어진 바다는 헬레스폰토스라고 불리게 되었다.

황금 양은 코르키스라는 곳에 프릭소스를 내려 주었다. 코르키스의 왕 아이에테스는 프릭소스를 따뜻하게 맞아 주었다. 프릭소스는 황금 양을 제우스에게 제물로 바치고, 양털을 아이에테스에게 주었다. 아이에테스는 무척 기뻐하며, 전쟁의 신 아레스에게 바친 나무에 양털을 걸어 놓고, 잠들지 않는 용에게 지키도록 했다.

테살리아 근처에는 이올코스라는 나라가 있었다. 원래 아이손이 이올코스의 왕이 되기로 되어 있었지만, 동생 펠리아스에게 왕위를 빼앗기고 말았다. 얼마 후, 아이손에게 아들이 태어났다.

'아들이 태어났다는 것을 펠리아스가 알게 되면, 이 아이는 무사하지 못할 거야.'

아이손은 아기가 죽었다며 거짓으로 장례식을 치렀다. 그리고 아들 이아손을 안전한 곳으로 옮겨서 키웠다. 아이손은 이아손을 케이론에게 맡겨서 교육하도록 부탁했다.

이아손이 무예와 학문에 뛰어난 청년이 되자, 케이론은 이아손을 떠나보냈다.

"이아손, 이제 가서 네 나라를 되찾거라."

길을 떠난 이아손은 한 강가에 이르렀다. 그 곳에는 한 할머니가 강가에 앉아 어쩔 줄을 모르고 있었다.

"젊은이, 나를 좀 건너게 해 주겠어요? 제발 부탁이에요."

이아손은 할머니를 등에 업고, 성큼성큼 강을 건넜다. 그런데 강을 건너다가 이아손은 샌들 한 짝을 잃어버리고 말았다. 물살이 너무 거세서 샌들을 찾으려고 하다가는, 할머니와 함께 강에 빠질 것 같았다. 이아손은 샌들을 포기하고 무사히 강을 건넜다.

강을 건너자 놀라운 일이 일어났다. 늙고 힘없는 할머니가 아름다운 여신으로 변한 것이었다.

"앞으로 네 앞에 힘든 일이 닥친다면, 내가 도와줄 테니 아무 걱정 말 거라."

그 여신은 바로 헤라였다. 헤라는 이아손을 시험해 보았던 것이다.

얼마 후, 이아손은 무사히 이올코스에 도착할 수 있었다. 광장을 내려다보고 있던 펠리아스는, 이아손의 모습을 보고 깜짝 놀랐다. 한쪽 샌들만 신은 사람을 조심하라는 예언을 들은 적이 있었던 것이다. 이아손은 궁전으로 들어와 펠리아스 앞에 섰다.

"저는 당신의 형인 아이손의 아들 이아손입니다. 원래 이올코스는 저의 아버지 나라라고 들었습니다. 제가 아버지 대신 나라를 찾으러 왔습니다."

펠리아스는 겉으로는 웃으며 이아손을 맞았다.

"그래, 물론 왕위를 돌려줘야지. 그런데 내 부탁을 하나 들어줄 수 있겠니?"

"무슨 부탁이든 말씀해 보세요!"

펠리아스는 입가에 미소를 띠고 말했다.

"황금 양털에 대해 들어 본 적이 있겠지? 그것은 우리 친척의 재산이다. 그것을 네가 찾아 주었으면 좋겠구나."

'이런, 속았다!'

이아손은 놀랐지만 대범하게 말했다.

"제가 황금 양털을 찾아오면, 반드시 나라를 돌려주셔야 합니다. 아셨지요?"

이아손은 곧 황금 양털을 찾으러 갈 준비를 서둘렀다. 먼저 이아손은 아르고스라는 기술자에게 배를 만들게 했다. 그 배는 50명이 탈 수 있도록 크게 만들었다. 뱃머리에는 신들이 사는 숲에서 자란 나무를 깎아 만든 성상을 세웠다. 이 성상은 배가 위험에 처했을 때, 소리를 내어 알려주었다.

그 후, 이아손은 그리스의 영웅들을 모았다. 그리스에서 최고로 이름난 사람들이 많이 모였다. 그 중에는 바람 신의 쌍둥이 아들인 제테스와 칼라이스, 음악의 대가 오르페우스, 그리스 제일의 영웅 헤라클레스, 그리고 테세우스, 네스토르와 같은 영웅들도 있었다.

이아손은 아르고스의 이름을 따서 배의 이름을 '아르고 호'라고 지었다.

아르고 호에 오른 50명의 영웅들은 코르키스를 향해 출발했다. 그들의 얼굴에서 걱정은 찾아볼 수가 없었다. 모두들 즐거운 마음으로 항해를 계속했다.

잔잔한 바다를 헤엄치던 아르고 호는 렘노스 섬에 도착하게 되었다.

렘노스의 왕 키지코스는 영웅들을 반갑게 맞아 주었고, 맛있는 음식을 대접했다.

아르고 호의 선원들과 렘노스 섬 사람들은 먹고 마시며 즐거운 시간을 보냈다.

"이제 저희들은 떠나야겠습니다. 저희에게 베풀어 주신 은혜는 영원히 잊지 않겠습니다."

이아손은 키지코스에게 공손히 인사하고 섬을 떠났다. 그런데 그날 밤, 바람이 심하게 불어서 아르고 호는 항해를 하는 데에 큰 어려움을 겪었다.

새벽 무렵, 아르고 호는 겨우 한 섬에 도착할 수 있었다. 그런데 그 섬은 바로 렘노스 섬이었다. 바람이 거꾸로 불어서 다시 렘노스 섬으로 들어갔던 것이다.

그러나 술에 취해 있던 렘노스 섬 사람들은, 아르고 호의 선원들을 공격하기 시작했다. 갑자기 공격을 당하자, 선원들도 마구 공격하기 시작했다.

얼마 후, 밝은 해가 떠올랐다.

"앗! 이 곳은!"

아르고 호의 선원들은 무척 놀라 말을 잇지 못했다. 그들에게 큰 도움이 되었던 렘노스 섬이었기 때문이다. 이아손은 키지코스의 시체 앞에 머리카락을 잘라 바쳤다.

"부족한 저희를 용서해 주십시오."

아르고 호의 선원들은 슬픈 마음을 안고 렘노스 섬을 떠났다.

얼마 후, 아르고 호는 미시아에 도착했다. 이 곳에서 헤라클레스는 선원들과 헤어지게 되는 일이 생긴다.

아르고 호의 선원들 중에는, 헤라클레스가 무척 아끼는 힐라스라는 소년이 있었다. 힐라스는 물을 뜨려고 깊은 숲 속에까지 들어가게 되었다. 샘가에서 목을 축이던 힐라스는 그대로 샘 안으로 빨려들어갔다. 힐라스에게 반한 물의 요정이 힐라스를 잡아당겼던 것이다. 헤라클레스는 힐라스를 찾아 숲 속을 헤매고 다녔다. 하지만 힐라스를 찾을 수 없었다.

아르고 호의 선원들은 아무리 기다려도 헤라클레스가 돌아오지 않자, 어쩔 수 없이 미시아에 헤라클레스와 힐라스를 남겨 둔 채 떠나고 말았다.

그 후, 아르고 호는 트라키아에 도착했다. 트라키아에는 피네우스라는 왕이 살고 있었다. 피네우스는 아르고 호가 어떤 항로를 따라가야 하는지 알고 있었다.

"저희를 도와주십시오."

"좋습니다. 하지만 조건이 하나 있습니다. 제가 식사를 하려고 하면, 하르피아라는 새가 나타나서 음식을 모조리 먹어치운답니다. 그 새만 없애 준다면, 당신들이 알고 싶어하는 것은 무엇이든지 말하겠습니다."

이아손은 곧 맛있는 음식을 차리게 했다. 그러자 정말 새 두 마리가 날아왔다. 얼굴은 여자의 얼굴을 하고 있었고, 몸통은 새였다. 하르피아는 음식을 마구 휘저어 놓았다.

"뭐 저런 괴물이 다 있지?"

모두들 어리둥절해서 하르피아를 바라보았다. 그 때, 바람 신의 아들 제테스와 칼라이스가 커다란 날개로 하르피아들을 가로막았다. 그러자 하르피아들은 높이 올라갔다. 하지만 제테스와 칼라이스는 하르피아들을 뒤쫓아가서 활을 쏘았다. 결국 하르피아들은 바닷속으로 떨어져 죽고 말았다.

피네우스는 무척 기뻐하며, 아르고 호가 항해를 하면서 조심해야 할 일들과 해결할 수 있는 방법을 일러주었다. 아르고 호는 다시 목적지를 향해 달리기 시작했다. 한참을 갔을 때, 어디선가 천지를 진동하는 소리가 들려왔다.

"이게 무슨 소리지?"

"무슨 일이 생기려는 게 분명해!"

선원들의 앞에 커다란 바위가 나타났다. 선원들은 어떻게 해야 할지를 몰라 허둥댔다.

그 때, 이아손은 피네우스의 말을 떠올렸다.

'비둘기가 바위 사이를 통과하면 아르고 호도 통과할 것이고, 비둘기가 통과하지 못한다면 아르고 호도 그럴 것입니다.'

이아손은 큰 소리로 외쳤다.

"비둘기를 날려보내라!"

비둘기가 날아가자, 두 바위는 빠르게 다가왔다. 아르고 호의 선원들은 숨죽이고 비둘기를 바라보았다. 두 바위는 '쾅' 하는 소리와 함께 부딪쳤다. 영웅들은 비둘기가 죽은 줄로 알고 모두 어깨를 늘어뜨렸다.

그런데 다시 바위가 열리고, 그 사이에서 새하얀 비둘기가 날아올랐다.

"와아! 살았다! 우리도 지나갈 수 있다!"

아르고 호의 영웅들은 크게 기뻐하며 바위 사이로 배를 저어 나갔다. 배가 다가오자, 바위는 서로를 향해 돌진했다. 아르고 호의 선원들은 조마조마한 마음을 억누르며 열심히 노를 저었다. 배의 뒷부분이 통과하는 순간, 바위는 굳게 닫혔다. 다친 사람 하나 없이, 아르고 호의 선원들은 모두 무사할 수 있었다.

그 후, 아르고 호는 코르키스에 도착했다. 이아손은 코르키스의 아이에테스 왕을 찾아갔다.

"황금 양털을 찾으러 왔습니다."

아이에테스 왕은 아주 당당한 이아손의 모습을 보고, 무척 건방지다고 생각했다. 하지만 그런 마음은 내색하지 않고 이아손에게 말했다.

"당신들의 용기에 크게 감동했소. 내 기꺼이 황금 양털을 드리지요. 하지만 한 가지 해야 할 일이 있습니다. 당신들 중 한 사람이 나와서 내 목장의 소에게 쟁기를 끌게 해서 밭을 갈고, 용의 이빨을 땅에 뿌려야 합니다. 그 일을 해낸다면 황금 양털을 드리겠습니다."

"좋습니다. 내일이면 황금 양털이 제 손에 들어오겠군요."

이아손은 기죽지 않고 말했다.

그날 밤, 아이에테스의 딸 메데이아가 이아손을 찾아왔다. 메데이아는 아이에테스 왕 앞에서도 당당한 이아손의 모습을 보고 한눈에 반했던 것이다.

"이아손, 왕께서 시키신 일은 결코 쉬운 일이 아니랍니다. 그 소는 마법의 소예요. 무척 난폭하지요. 그 소가 뿜는 불에 쏘이면, 인간들은 곧 타 버리고 만답니다."

"그렇다면 무슨 방법이 없을까요?"

"제가 도와드리겠어요. 그러면 저를 당신의 나라로 데려가 주시겠어요?"

이아손은 바로 승낙했다.

"이아손, 이 약을 바르세요. 몸에 바르면 어마어마한 힘이 생길 것이고, 창과 방패에 바르면 불에 타거나 뚫리지 않아요. 그리고 용의 이빨을 땅에 뿌리면, 땅에서 병사들이 생겨날 거예요. 그 병사들이 당신을 공격하면 그 사이로 돌을 던지세요."

다음 날, 밭에는 아이에테스 왕과 아르고 호의 영웅들이 모두 모였다. 그리고 헤파이스토스가 만들었다는 그 소가 곧 모습을 드러냈다.

"자, 이제 시작해 볼까요?"

아이에테스 왕은 야릇한 미소를 지으며 이아손을 바라보았다. 이아손은 메데이아가 준 약을 온 몸에 바르고, 소에게 다가갔다. 소는 불을 뿜으며 이아손에게 달려들었지만, 이아손의 몸은 조금도 타지 않았다. 이아손은 소의 뿔을 부러뜨리고, 칼로 내리쳐 꼼짝도 못하게 만들었다. 그리고 용의 이빨을 땅에 뿌렸다. 그러자 많은 병사들이 나타나서 이아손에게 덤볐다. 이아손은 재빨리 병사들 사이로 돌을 던졌다. 병사들은 서로 싸우기 시작하더니, 곧 몇 명밖에 남지 않게 되었다. 이아손은 얼마 남지 않은 병사들을 공격해서 모두 무찔렀다.

그런데 아이에테스 왕은 약속을 지키지 않았다. 그는 황금 양털을 주지 않으려고 잔머리를 굴리고 있었다.

'그래, 저 녀석들의 배를 불태워 버리고 녀석들을 없애야겠어.'

아이에테스 왕의 마음을 눈치챈 메데이아는 서둘러 이아손에게로 갔다.

"이아손, 어서 저를 따라오세요."

메데이아와 이아손은, 황금 양털이 걸려 있는 나무가 있는 숲으로 갔다.

"저 나무 위에 있는 것이 바로 황금 양털입니다. 하지만 저 용이 지키고 있기 때문에, 인간의 힘으로는 황금 양털을 가져올 수 없어요. 저 용은 절대로 잠들지 않거든요."

"그러면 어떻게 해야 하지요?"

"이 약을 용에게 먹이면 용이 잠들 거예요. 그 때 나무 위에 올라가서 황금 양털을 가져오세요."

메데이아가 용에게 다가가서 약을 먹이자, 용의 눈이 스르르 감겼다. 이아손은 나무 위로 올라가서 황금 양털을 가지고 내려왔다.

"자, 서둘러요! 잡히면 우린 죽고 말 거예요."

메데이아와 이아손은, 아르고 호가 있는 곳까지 온 힘을 다해 뛰었다. 아르고 호 앞에는 메데이아의 동생 압시르토스가 기다리고 있었다.

"나도 누나를 따라갈 거야."

아르고 호는 메데이아와 압시르토스까지 태우고 서둘러 길을 떠났다.

"자, 어서 노를 저읍시다! 우리가 도망친 것을 알면, 저쪽에서 가만히 있지 않을 거예요."

얼마 후, 아이에테스 왕은 아르고 호가 없어진 사실을 알게 되었다.

"어서 뒤쫓아라! 공주까지 사라지다니, 이것들을 절대 살려 보내지 말거라!"

아이에테스의 군대는 무서운 속도로 아르고 호를 뒤따랐다. 얼마 후에는 아르고 호와 가까운 곳에까지 이르게 되었다. 아르고 호의 선원들은 몹시 당황했다. 아이에테스의 많은 군대를 당해낼 수가 없었기 때문이다.

그 때, 메데이아가 앞으로 나섰다.

"제게 좋은 생각이 있어요."

메데이아는 갑자기 동생 압시르토스를 죽이더니, 바닷속으로 빠뜨렸다.

"오! 압시르토스!"

그 모습을 본 아이에테스 왕은 배를 멈추고, 바닷속에 빠진 아들을 구하도록 명령했다.

그 사이 아르고 호는 무사히 도망칠 수 있었다.

아르고 호는 곧 세이렌이 살고 있는 섬까지 오게 되었다. 세이렌은 얼굴은 여자이고 몸은 새인 괴물인데, 노래를 무척 잘했다. 세이렌의 노랫소리에 빠지면, 바위에 부딪치거나 세이렌에게 잡혀서 목숨을 잃게 된다.

이아손은 오르페우스에게 말했다.

"자, 이제 우리는 세이렌의 섬을 지나가야 합니다. 세이렌의 노랫소리에 절대 귀를 기울이면 안 됩니다. 오르페우스, 어서 하프를 연주해 주시오. 우리가 세이렌의 노랫소리에 마음을 빼앗기지 못하도록 온 정성을 다해 연주하시오."

오르페우스의 하프 소리를 들으며, 아르고 호의 선원들은 열심히 노를 저었다.

아름다운 소리가 울려 퍼지자, 차츰 세이렌의 노랫소리가 작아졌다. 그러자 선원들은 더욱더 힘을 내어서 세이렌 섬을 빠져 나왔다. 세이렌들은 오르페우스의 음악에 진 것을 분하게 여겼다. 그리고 바다에 뛰어들어 3개의 바위로 남게 되었다.

얼마 후, 아르고 호는 폭풍을 만나 남쪽에 있는 크레타 섬에 들어가게 되었다. 선원들이 섬으로 들어가려고 하자, 메데이아가 앞에 나섰다.

"모두 조심해야 해요. 이 섬에는 구리로 만들어진 인간이 있어요. 아주 힘이 세기 때문에 자칫하다간 그에게 잡아먹힐 거예요. 활을 쏜다고 해도 발꿈치 한 곳을 제외하고는, 모두 튀어서 되돌아오고 말아요. 그러니까 모든 일은 저에게 맡겨 주세요."

메데이아는 배에서 내려 구리로 만들어진 인간에게 다가갔다.

"난 당신을 보면 참 마음이 아파요. 당신처럼 씩씩하고 멋진 분이 왜 영원히 살 수 없을까요? 저는 영원히 살 수 있는 방법을 알고 있어요. 가르쳐 드릴까요?"

메데이아의 나긋나긋한 말에, 구리로 만들어진 인간은 깜빡 속고 말았다.

"제가 당신 몸 속에 있는 피를, 신들만이 갖고 있는 피로 바꿔 드릴게요. 그러면 당신은 영원히 살 수 있을 거예요."

구리로 된 인간의 혈관은 단 하나의 혈관으로 이루어져 있었는데, 발꿈치에 있는 못으로 고정되어 있었다. 메데이아는 그 사실을 알고 있었던 것이다.

메데이아는 그의 발꿈치에서 못을 빼 버렸다. 그러자 그의 온몸에서 피가 쏟아지더니, 결국 그 자리에서 죽고 말았다.

"자, 다시 떠나자!"

아르고 호는 이렇게 무사히 이올코스에 도착할 수 있었다. 이아손은 펠리아스 왕에게 황금 양털을 주었다. 그렇지만 펠리아스 왕은 온갖 핑계를 대면서 왕위를 물려주지 않았다.

황금 양털을 되찾은 것을 축하하기 위해서 잔치가 열렸다. 그런데 이아손의 아버지 아이손은 나이가 들어 힘이 약해져서, 그 자리에 나올 수 없었다.

이아손은 메데이아에게 말했다.

"메데이아, 나를 위해 당신의 마법을 써 주지 않겠어요? 내 수명에서 몇 년을 빼서 아버지의 수명에 더해 주세요."

"이아손, 그렇게 하지 않아도 아버지의 수명을 연장시킬 수 있어요."

며칠 후, 보름달이 떠오르자 메데이아는 밖으로 나갔다. 메데이아는 별을 향해, 지옥의 여신 헤카테를 향해, 대지의 여신을 향해 주문을 외웠다. 이 여신들의 힘으로 마법에 사용되는 식물이 자라기 때문이었다. 그리고 그녀는 숲, 동굴, 산, 골짜기, 호수, 강, 바람, 안개의 신에게도 힘을 빌려달라고 기도했다.

그 때, 날개 달린 뱀이 끄는 이륜차가 메데이아에게 내려왔다. 그녀는 이륜차를 타고, 온갖 식물이 자라는 곳으로 갔다. 그녀는 9일 동안이나 약초를 찾아 헤맸다.

그리고 메데이아는 제단을 두 개 만들었다. 하나는 헤카테의 제단, 하나는 청춘의 여신 헤베의 제단이었다. 그녀는 제단 위에 검은 양 한 마리를 바치고, 우유와 포도주를 부었다.

"하데스님, 페르세포네님, 제 남편의 아버지를 빨리 데려가지 말아 주시옵소서."

곧 이어 아이손을 데려오게 했다. 그녀는 아이손을 잠들게 하고, 약초를 깐 침대 위에 눕혔다. 준비가 끝나자, 그녀는 머리를 풀고 제단 주위를 세 번 돌았다. 그리고 나뭇가지에 피를 적셔서 제단 위에 불을 피운 후에 가마솥에 약제를 앉혔다. 그리고 여러 가지 약초, 쓴 즙이 나는 꽃과 씨앗, 동방에서 가져온 돌, 온 세상을 둘러싼 바닷가의 모래, 달밤에 모은 서리, 올빼미의 머리와 날개, 이리의 내장, 거북의 껍데기, 수사슴의 간장, 인간의 아홉 세대를 넘게 산 까마귀의 머리와 부리를 넣었다. 그리고 이름을 알 수 없는 많은 것들을 넣고 마른 올리브 가지로 저었다.

얼마 후, 올리브 가지를 꺼내 보니 잎이 피어나고 열매가 맺혔다. 그

리고 솥 안에서 끓던 물이 주위로 튀자, 그 방울을 맞은 풀이 파릇파릇
해졌다.

메데이아는 아이손의 목을 베고 온몸의 피를 쏟아냈다. 그리고 솥에
서 끓고 있던 물을 부었다. 그러자 아이손은 놀랍게 변했다. 머리카락과
수염은 까만 빛을 띠었고, 혈색이 좋아졌다. 40년 전의 건강을 되찾았
던 것이다.

메데이아의 마법이 나쁘게 사용된 적도 있었다.

펠리아스 왕은 이 핑계 저 핑계를 대며, 이아손에게 왕위를 넘겨 주
지 않았다.

"그런 사람은 벌을 받아야 해요."

메데이아는 복수를 위해 계획을 세웠다. 그녀는 우선 펠리아스 왕의
세 공주와 친하게 지냈다. 어느 날, 공주들은 메데이아에게 말했다.

"우리 아버지도 젊어지게 해 주세요."

'그래, 잘 걸렸다!'

메데이아는 전처럼 솥을 준비하고 늙은 양을 넣었다. 얼마 후, 솥뚜껑
을 열자 어린양이 나왔다.

"어머나, 이렇게 하면 아버지도 젊어질 수 있을까요?"

"물론이죠. 한번 해 보세요."

메데이아는 펠리아스를 넣을 솥을 준비했다. 그 솥에는 물과 평범한
풀만 들어 있을 뿐이었다. 밤이 되자, 메데이아는 공주들과 함께 펠리아
스의 방에 들어갔다. 하지만 공주들은 펠리아스를 찌르지 못하고 머뭇
거렸다.

"이렇게 해서야 어떻게 임금님께서 젊어질 수 있단 말이에요?"

메데이아는 공주들을 꾸짖었다. 공주들은 어렵게 마음을 먹고, 펠리

아스를 찔렀다.

"이게 뭐하는 거냐? 아버지를 죽이려는 거냐?"

잠에서 깨어난 펠리아스는 딸들에게 소리쳤다. 그 순간 메데이아는 펠리아스의 말문을 막고, 솥 안에 밀어넣어 버렸다. 그리고 자신의 배신이 들통나기 전에 황급히 그 곳을 떠났다. 결국 펠리아스는 그렇게 죽고 말았다.

이어서 이아손이 왕위에 올랐지만, 백성들은 메데이아의 잔인한 복수 때문에 이아손을 따르지 않았다. 그래서 이아손과 메데이아는 나라 밖으로 쫓겨나 코린토스로 도망쳤다. 두 사람은 코린토스에서 크레온 왕의 보살핌 아래 편안하게 지낼 수 있었다.

크레온 왕에게는 크레우사라는 딸이 있었다. 크레온 왕은 똑똑하고 용기있는 이아손을 사위로 맞아들이고 싶어했다. 이아손도 잔인한 메데이아에게 점점 싫증이 났기 때문에, 크레우사와 결혼하기를 원했다. 이 사실을 알게 된 메데이아는 이아손에게 저주를 퍼부었다.

"좋아요, 당신에게 무슨 일이 일어나는지 두고 보세요!"

메데이아는 크레우사에게 드레스 한 벌을 보냈다.

"어머나, 아름다워라!"

크레우사는 무척 기뻐하며 드레스를 입었다. 그러자 그 순간, 갑자기 드레스에 불이 붙어서 크레우사는 목숨을 잃고 말았다. 불을 끄려고 했던 크레온 왕도 공주와 함께 죽고 말았다.

소식을 들은 이아손이 급히 집으로 달려왔다. 그런데 이아손은 더욱 끔찍한 모습을 보게 되었다. 메데이아가 양 옆에 아이들의 시체를 끼고 서 있는 것이었다.

"당신이 소중하게 여기던 것들이 이제 다 사라졌군요. 그 아픔을 오래오래 겪어 보세요."

메데이아는 뱀이 끄는 이륜차를 타고 하늘로 올라가 버렸다.

그 후, 이아손은 이리저리 떠돌아다니며 지냈다. 어느 날, 그는 어느 해안에서 낯익은 배 한 척을 발견했다. 그것은 바로 아르고 호였다. 이아손은 아르고 호를 천천히 훑어보며 추억에 잠겼다. 모험을 즐기며 활기차게 지내던 그 시절을……

잠시 후, 그는 뱃머리 아래에 앉아서 잠이 들었다. 이아손이 깊이 잠들었을 때, 갑자기 뱃머리에 있던 성상이 뚝 부러지며 이아손에게로 떨어졌다. 결국 이아손은 그렇게 세상을 떠나고 말았다.

멜레아그로스와 아탈란테

황금 양털을 찾으러 아르고 호에 올랐던 멜레아그로스는, 칼리돈의 오이네우스 왕과 알타이아 왕비 사이에서 태어났다.

멜레아그로스가 태어났을 때, 운명의 여신 모이라이는 난로 속에 있는 장작이 다 타면 아이가 죽을 것이라고 예언했다. 알타이아는 재빨리 장작을 꺼낸 뒤, 소중하게 보관했다. 그러는 동안 멜레아그로스는 청년으로 자라났다.

어느 해, 오이네우스 왕은 신들에게 제물을 바치면서, 아르테미스를 빼놓은 적이 있었다.

"감히 나를 무시해?"

아르테미스는 몹시 화를 내며 커다란 멧돼지 한 마리를 칼리돈으로 보냈다. 멧돼지는 가축을 죽이고, 곡식을 마구 짓밟았다. 멜레아그로스는 그리스의 영웅들을 불러 모았다.

"이 몹쓸 괴물을 물리쳐 주세요!"

테세우스와 페이리토스, 이아손, 펠레우스, 텔라몬, 네스토르 등 많은 영웅들이 이 멧돼지 사냥에 참여했다. 또 아르카디아의 이아소스 왕의 딸 아탈란테도 그 무리에 끼였다. 그녀는 여성의 아름다움과 남성의 씩씩함을 고루 갖추고 있었다. 멜레아그로스는 그녀를 보고 사랑에 빠지고 말았다.

"자, 저 앞에 있는 동굴에 그 괴물이 있습니다."

멜레아그로스 일행은 동굴 가까이 다가갔다. 그들은 나무 사이에 그물을 치고, 사냥개를 풀어서 멧돼지의 발자국을 찾게 했다. 그 숲에는 늪으로 내려가는 내리막길이 있었다. 멧돼지는 그쪽의 갈대 숲에 몸을 숨기고 있다가 사냥개를 향해서 달려왔다. 그들은 멧돼지는 잡지도 못하고 사냥개만 잃고 말았다.

"아르테미스 여신이시여, 저희를 도와주시옵소서!"

이아손은 간절히 기도하면서 창을 던졌다. 그렇지만 그 멧돼지는 바로 아르테미스가 보낸 것이었기 때문에, 그녀가 이아손의 기도를 들어줄 리 없었다. 아르테미스는 창날을 뽑아 버렸다. 그래서 멧돼지는 창에 맞았어도 상처를 입지 않았다.

네스토르는 멧돼지가 달려들자 나무 위로 도망쳤다. 그리고 텔라몬은 앞으로 나아가다가, 나무뿌리에 걸려 넘어지고 말았다. 멧돼지에게 처음으로 상처를 입힌 사람은 바로 아탈란테였다. 비록 가벼운 상처였지만 말이다.

"과연 아탈란테야! 정말 대단하지 않아?"

멜레아그로스는 자신이 해낸 일처럼 기뻐하며 아탈란테를 칭찬했다.

"뭐야? 저까짓 여자를 칭찬해?"

질투심에 불탄 안카이오스는 앞뒤 가리지 않고 멧돼지를 공격했다. 그러나 그는 치명적인 부상만 입고 쓰러졌다.

테세우스가 던진 창은 나뭇가지를 맞고 빗나갔으며, 이아손이 던진

창은 사냥개를 죽였을 뿐이었다. 멜레아그로스는 두 번째 도전에서 멧돼지의 옆구리에 창을 박았다. 그리고 곧바로 멧돼지를 공격해서 숨통을 끊어 버렸다.

"멜레아그로스 만세!"

"역시 넌 우리의 대장이야!"

사람들은 멜레아그로스 주위로 몰려들었다.

"내 승리의 상징인 멧돼지의 머리와 가죽을 아탈란테에게 바치겠어!"

그런데 멜레아그로스의 말을 들은 사람들은, 질투심 때문에 서로 싸우기 시작했다. 멜레아그로스의 외삼촌인 플렉시포스와 톡세우스는 심하게 반대하며 아탈란테가 받은 것을 빼앗았다.

"사랑하는 아탈란테에게 무슨 짓이지?"

멜레아그로스는 이성을 잃고 그들을 칼로 찔렀다. 아들의 승리를 감사하려고 신전에 제물을 바치러 갔던 알타이아는, 그곳으로 옮겨진 형제들의 시체를 보게 되었다.

"누가 이런 짓을 한 거야? 절대 가만두지 않겠어!"

그녀는 입고 왔던 예복을 상복으로 갈아입고 울부짖었다. 그녀의 마음은 곧 아들에 대한 복수심으로 가득 찼다.

"저 장작을 어서 불 속으로 넣어라!"

그렇지만 알타이아는 망설이지 않을 수 없었다. 아들을 잃을 수 없었던 것이다. 그녀의 마음속에서는 누이로서의 정과 어머니로서의 정이 서로 싸우고 있었다. 형제들을 생각하면 멜레아그로스를 죽이고 싶었지만, 멜레아그로스는 그의 아들이었다. 결국 누이로서의 정이 모정을 누른 것이다.

"복수의 여신들이여! 죄를 지었으면 반드시 그 벌을 받아야 합니다.

남편 오이네우스도 처가의 불행 앞에서, 아들의 승리만을 기뻐하지는 않을 것입니다. 멜레아그로스는 내 덕분에 지금까지 살아왔습니다. 그렇지만 이제 그 아이의 생명을 돌려드리겠습니다. 멜레아그로스, 그 때 네가 죽었더라면 이런 일은 일어나지 않았을 텐데……."

알타이아는 장작을 불 속으로 던졌다. 먼 곳에 있던 멜레아그로스는 갑자기 심한 고통을 느꼈다. 온몸이 불타고 있었다. 그는 마지막 숨을 몰아쉬며 아버지, 어머니, 형제, 그리고 사랑하는 아탈란테의 이름을 불러 보았다. 장작이 모두 타 버리고, 멜레아그로스의 생명도 바람결에 날아갔다.

이 일이 끝나자, 알타이아는 스스로 목숨을 끊었다.

"나에게 잘못은 했지만, 지금 너희들을 보니 너무나 마음이 아프구나."

아르테미스는 슬퍼하는 멜레아그로스의 누이들을 새로 변하게 해 주었다.

이 지독한 불행은 모두 아탈란테에게서 나온 것이었다. 그녀에게는 '결혼하지 말라. 결혼하면 너는 파멸할 것이다.' 라는 신탁이 내려져 있었다. 그래서 아탈란테는 남자들을 피하고, 오직 사냥에만 매달렸다. 그녀에게 청혼하는 사람이 있으면, 까다로운 조건을 내걸어서 그들을 물리쳤다.

'나와 경주를 해서 이기면 내 몸을 맡기겠다. 그러나 진다면 목숨을 내놓아야 한다.'

이러한 조건에도 불구하고 많은 젊은이들이 그녀에게 청혼했다. 경주가 열리는 날, 히포메네스가 심판을 맡기로 했다.

"여자 하나 때문에 목숨을 건다는 거야? 정말 한심하군."

그렇지만 경주를 하려고 윗옷을 벗은 아탈란테를 본 후, 히포메네스의 생각은 바뀌었다.

"내가 그 동안 아탈란테의 진가를 몰랐었던 거야."

히포메테스는 경주를 지켜보면서, 다른 젊은이들이 모두 지기를 바랐다. 바람의 날개를 달고 달리는 듯이, 그녀는 빠르게 앞으로 나아갔다. 어깨 위로 흘러내린 머리카락이 나부끼고, 옷에 달린 장식이 흔들거렸다. 그녀의 얼굴은 붉은 빛으로 물들었다.

그녀에게 청혼했던 사람들은 모두 사형을 당하고 말았다. 그녀를 이길 수 없었던 것이다. 히포메네스는 용기를 내어 아탈란테에게 다가갔다.

"나와 경주를 해 봅시다. 이런 느림보들과는 다를 테니, 긴장해야 할 거요."

아탈란테는 히포메네스를 가만히 바라보았다.

'또 한 명이 죽어야 하는 걸까? 이렇게 젊은 사람이 왜 아까운 목숨을 버리려는 것일까? 경주를 포기하든가, 아니면 나를 이겨 주었으면 좋겠다.'

그녀가 망설이고 있을 때, 구경꾼들은 경기를 계속하라고 소리쳤고, 그녀의 아버지도 준비를 서둘렀다. 그 사이 히포메네스는 아프로디테에게 기도를 올렸다.

"아프로디테여, 저를 도와주십시오. 저는 당신 때문에 이렇게 사랑에 빠졌으니까요."

아프로디테는 히포메네스의 기도를 들어주기로 했다. 그녀의 섬 키프로스에는 황금 사과가 열리는 나무가 있었다. 그녀는 황금 사과를 세 개 따서 히포메네스에게 주고, 사용법을 일러주었다.

이제 경주가 시작되었다.

"힘내라! 히포메네스, 힘내!"

사람들의 응원을 받으며 히포메네스는 가볍게 달렸다. 하지만 곧 숨이 가빠오기 시작했다.

'그래, 지금이야.'

히포메네스는 얼른 사과 한 개를 아탈란테 앞으로 던졌다. 그녀가 사과를 줍느라고 멈춘 사이, 히포메네스는 아탈란테를 앞질렀다. 하지만 아탈란테는 곧 히포메네스를 따라잡았다. 그러자 히포메네스는 다시 사과를 던졌다. 그리고 그녀가 사과를 줍는 사이에 앞질러갔다. 결승점이 가까워졌다.

'여신이시여! 도와주소서!'

히포메네스는 간절히 바라며 사과를 멀리 던졌다. 아탈란테는 잠시 망설였지만, 곧 사과를 주웠다. 아프로디테가 그렇게 만들었던 것이다.

그렇게 해서 히포메네스와 아탈란테는 결혼할 수 있었다. 그런데 행복에 빠져 있던 이 부부는, 아프로디테에게 감사 인사를 하는 것을 잊고 말았다.

"이런 못된 것들!"

아프로디테는 두 사람이 키벨레(레아)를 화나게 만들도록 했다. 이 키벨레 여신을 모욕하면, 그 누구도 용서를 받을 수 없었다. 키벨레 여신은 아탈란테를 암사자로, 히포메네스를 수사자로 만들었다. 그리고 자신의 수레를 끌게 했다. 그래서 지금까지 남아 있는 키벨레를 그린 작품에서는 두 마리의 사자를 함께 만날 수 있다.

헤라클레스

그리스의 가장 이름난 영웅 헤라클레스는 제우스 신과 인간인 알크메네 사이에서 태어났다. 헤라클레스가 태어나던 날, 제우스는 땅을 내려다보며 말했다.

"오늘 태어나는 사내아이는 자라서 미케네의 왕이 될 것이며, 그리스 최고의 영웅이 될 것이다."

이 말을 들은 헤라는 그 아이가 제우스의 아들임을 눈치채고, 음모를 꾸미기 시작했다.

그녀는 출산의 여신을 보내서 헤라클레스를 하루 늦게 태어나게 하고, 그 대신 에우리스테우스를 태어나게 했다. 이렇게 해서 헤라클레스는 운명이 바뀌어서 평생 고생을 하게 되었다.

헤라클레스가 태어난 지 며칠이 지난 어느 날이었다. 헤라는 헤라클레스의 요람에 뱀 두 마리를 풀어 놓았다. 사람들은 모두 손을 쓰지 못하고 쭈뼛거리고 있었다. 그런데 놀라운 일이 눈앞에서 일어났다. 아기 헤라클레스가 양손에 뱀을 쥐고, 목을 졸라 죽였던 것이다.

'이 아이는 보통 아이가 아니야. 잘 가르쳐서 훌륭하게 키워야겠다.'

알크메네는 헤라클레스를 교육하는 데 각별히 신경을 썼다. 직접 말 타는 법을 가르치기도 하고, 리노스에게는 음악을, 라다만도스에게는 학문을, 카스토르에게는 무술을 가르치도록 부탁했다.

어느 날, 헤라클레스는 리노스에게 심한 꾸중을 들었다. 화가 난 헤라클레스가 악기를 집어던졌는데, 그만 리노스가 그 악기에 맞아서 죽고 말았다. 그래서 헤라클레스는 그 벌로 깊은 산 속에 숨어 살게 되었다.

그 곳에서 헤라클레스는 케이론에게 교육을 받았다. 헤라클레스가 열여덟 살이 되자, 그리스에서는 그를 당해 낼 사람이 아무도 없었다. 그가 폭군을 물리치고, 맹수를 처치하는 등 좋은 일을 많이 하자, 신들은 헤라클레스를 축복하기 위해 선물을 한 가지씩 주었다. 아폴론은 무엇이든 뚫을 수 있는 활과 화살, 헤르메스는 보검, 아테나는 갑옷, 헤파이스토스는 투구를 선물했다.

　그 후, 헤라클레스는 고향 테베로 돌아왔다. 그런데 이웃 나라가 자꾸 테베를 침략하는 것이었다.

　"왕이시여, 제가 나가서 적들을 무찌르고 오겠습니다!"

　용기 있게 앞으로 나선 헤라클레스는, 적군을 물리치고 당당히 테베로 돌아왔다.

　테베의 왕은 무척 기뻐하며, 딸 메가라 공주를 헤라클레스의 아내로 삼게 했다. 헤라클레스는 가족과 함께 행복하게 지냈다. 하지만 그 기쁨도 잠깐이었다. 아직도 헤라의 질투가 끝나지 않았던 것이다. 헤라클레스는 어느 날 갑자기 미쳐서, 사랑하는 아들을 불 속에 던져 버리고 말았다. 정신을 차린 헤라클레스는 괴로움을 참을 수가 없어서, 신전으로 가서 기도했다.

　그러자 신의 음성이 들려왔다.

"에우리스테우스 왕의 열두 가지 명령을 하나도 빠짐없이 수행하면, 너는 너의 죄를 씻을 수 있을 것이다."

그 후, 헤라클레스의 열두 가지 모험이 펼쳐지기 시작했다.

헤라클레스가 받은 첫 번째 명령은, 네메아 지방에 있는 사자를 물리치는 것이었다. 그 사자는 어떠한 무기로도 뚫지 못하는 단단한 가죽을 갖고 있었다. 헤라클레스는 아폴론에게서 받은 활과 화살을 가지고, 사자가 있는 동굴로 갔다. 그는 커다란 바위로 동굴의 한쪽 입구를 막고, 다른 입구에서 화살을 쏘았다. 그렇지만 그 화살로도 사자의 가죽을 뚫을 수는 없었다. 화가 난 사자는 으르렁거리며 헤라클레스에게 달려들었다.

그러자 헤라클레스는 맨손으로 사자의 목을 졸라 죽였다.

헤라클레스는 사자의 가죽을 벗기려고 했다. 그런데 창이나 칼로는 사자 가죽을 뚫을 수가 없었다. 그래서 그는 사자의 발톱을 뽑아서 가죽을 벗겨 냈다. 그리고 그 기념으로 사자 가죽을 입고 다니기로 했다. 그 모습이 어찌나 무서웠는지, 에우리스테우스 왕은 헤라클레스를 성 안으로 들어오지 못하게 했다. 두 번째 명령도 헤라클레스를 성 밖에 세워둔 채 내릴 정도였다.

두 번째 명령은 머리가 아홉 개 달린 뱀 히드라를 없애는 것이었다. 히드라는 평소에는 늪에 살다가, 가끔씩 땅으로 올라와서 가축을 해치곤 했다. 아홉 개의 머리 중에 한가운데에 있는 머리는 절대로 죽지 않았다.

헤라클레스는 늪에서 멀리 떨어진 곳으로 갔다. 그는 불화살을 마구 쏘아 히드라를 밖으로 유인했다. 그는 곤봉으로 히드라의 머리를 차례차례 내리쳐서 떨어뜨렸다. 그런데 떨어진 자리에서 다시 머리가 생겨나는 것이었다. 골똘히 생각하던 헤라클레스는, 머리가 떨어진 자리를 불로 지지기로 했다. 그리고 절대 죽지 않는 머리는 커다란 바위로 눌러서 땅에 묻었다.

히드라가 위험에 처하자, 헤라는 큰 게를 보내서 히드라를 돕게 했다. 게는 계속해서 헤라클레스의 뒤꿈치를 물어 댔다. 하지만 헤라클레스는 아무렇지도 않은 듯이 게를 짓밟아 버렸다. 그리고 헤라클레스는 히드라의 독에 화살을 담가서 독화살을 만들었다.

세 번째 명령은 오이오네 숲에 사는 사슴을 산 채로 잡아오는 것이었다.

아르테미스 여신이 키우는 암사슴을 잡아오라는 것이었다. 이 사슴 역시 헤라가 헤라클레스를 시험하기 위해서 보낸 것이었다. 헤라클레스는 아르카디아 지방의 라돈 강까지 쫓아가서 사슴을 잡았다. 그런데 에우리스테우스 왕에게 가는 도중에 아폴론과 아르테미스를 만났다.

"신성한 동물을 왜 잡는 것이냐?"

아폴론과 아르테미스는 헤라클레스를 꾸짖고, 당장에 풀어 주도록 했다.

"에우리스테우스 왕이 시킨 일입니다. 그가 시키는 일을 모두 해야만 저는 자유의 몸이 될 수 있습니다."

헤라클레스의 말을 들은 아르테미스는, 사슴을 데리고 가는 일을 허락했다.

이렇게 해서 헤라클레스는 에우리스테우스 왕의 세 번째 명령을 수행할 수 있었다.

네 번째 명령은 에리만토스 산에 사는 커다란 멧돼지를 잡는 것이었다. 이 멧돼지는 아르카디아 지방 에리만토스 산에 살았는데, 프소퍼스 시에 해를 끼치곤 했다.

헤라클레스는 이 멧돼지를 찾아서 가던 중, 폴로에 시를 지나게 되었다. 그 때, 그 곳에 살던 켄타우로스족 폴로스는 헤라클레스를 무척 반가워하며 술을 대접했다. 이 때 헤라클레스가 마신 술 향기가 온 마을에 진동하였다. 술을 싫어하는 켄타우로스족은 화가 나서 헤라클레스에게 달려왔다. 켄타우로스족은 무기를 들고 덤볐지만, 술에 취한 헤라클레스를 당해 낼 수가 없었다. 그들은 케이론이 있는 곳으로 도망쳤다. 케이론은 여러 영웅들을 가르친 위대한 선생님이었다.

헤라클레스는 독화살을 마구 쏘아 댔다. 그런데 그만 독화살 하나가 케이론의 무릎에 꽂히고 말았다.

'내가 선생님을……'

헤라클레스는 마음 깊이 후회하며 숲을 헤매 다녔다. 그 때 갑자기 멧돼지가 나타났다. 헤라클레스가 미처 무기를 꺼낼 사이도 없이, 멧돼지는 사납게 공격했다. 하지만 곧 헤라클레스는 맨손으로 멧돼지를 사로잡을 수 있었다.

다섯 번째 명령은, 30년 동안 청소를 한 적이 없는 외양간을 치우는 것이었다. 태양신 헬리오스의 아들 아우게이아스는 그 외양간에서 소를 3천 마리나 기르고 있었다.

"이런 외양간을 어떻게 치우라는 거야?"

외양간에는 딱딱하게 굳은 똥이 산처럼 쌓여 있었다. 곰곰이 생각하던 헤라클레스는 아우게이아스에게 말했다.

"제가 하루 만에 저 외양간을 깨끗하게 치운다면, 당신의 가축 중 10분의 1을 저에게 주십시오."

아우게이아스는, 헤라클레스가 그렇게 하지 못할 것이라고 생각했기 때문에 그러겠다고 했다.

그 지방에는 세 개의 강이 흐르고 있었다. 헤라클레스는 그 강 중 하나의 강둑을 무너뜨려서 물줄기를 외양간으로 끌어들였다. 물이 외양간에 가득 차자, 헤라클레스는 외양간의 한쪽 벽을 무너뜨려서 물줄기가 다른 강으로 흘러들어가게 했다. 이렇게 해서 헤라클레는 다섯 번째 명령을 수행할 수 있었다.

"자, 보십시오. 외양간이 깨끗해졌습니다. 이제 가축을 주십시오."

하지만 아우게이아스는 억지를 부렸다.

"네가 아무리 힘이 세다고 해도, 네가 헤라클레스라는 증거가 없지 않으냐?"

헤라클레스는 몹시 분했지만, 그대로 물러날 수밖에 없었다.

여섯 번째 명령은, 사람들을 못 살게 하고, 농작물을 못 쓰게 만드는 괴조를 물리치는 일이었다. 그 괴조들은 아르카디아의 스팀파로스 호반 숲에 살았는데, 큰 골칫거리가 아닐 수 없었다.

헤라클레스는 이 일에, 아테나 여신이 헤파이스토스에게 만들게 한 방울을 이용했다. 방울을 마구 흔들어서 괴조들을 유인한 다음, 독화살을 쏘아서 죽였던 것이다.

일곱 번째 명령은, 크레타 섬의 황소를 잡아오는 것이었다. 이 황소는 미노스 왕이 포세이돈에게 바치기로 되어 있었다. 그런데 미노스 왕은 황소가 너무 아까워서 망설이기만 했다. 그래서 벌이 내려졌는데, 파시파에 왕비가 이 황소에게 사랑을 느끼게 되는 것이었다. 그 후, 황소는 갈수록 난폭해졌다. 그래서 미노스 왕은 헤라클레스가 황소를 잡으러 오자, 무척 기뻐했다.

헤라클레스는 황소를 잡아서 티린스로 데려간 후 풀어 주었는데, 나중에 이 황소는 마라톤으로 가서 미노스의 아들 안드로게오스를 죽였다. 그렇지만 그 후 테세우스의 손에 죽고 말았다.

여덟 번째 명령은, 비스톤 인의 왕인 디오메데스가 기르고 있는 사람을 잡아먹는 암말을 잡는 것이었다. 헤라클레스는 트라키아로 가는 도중에 테살리아를 지나게 되었다. 그 곳에서 그는, 남편 아드메토스 왕 대신에 죽어 무덤에 들어가야 했던 알케스티스 왕비를 구했다. 죽음의 신 타나토스와 결투를 해서 알케스티스를 빼앗아 왔던 것이다.

헤라클레스는 다시 트라키아로 들어갔다. 이 사실을 알게 된 디오메데스 왕은 즉시 헤라클레스를 공격했지만, 헤라클레스는 그들을 무찌르고, 디오메데스 왕을 암말의 먹이로 주었다. 그 후, 암말은 얌전해지는 듯했으나, 말을 돌보던 압데로스를 잡아먹기도 했다. 그래서 압데로스를 기념하기 위해 압데라 시가 건설되었다. 암말은 에우리스테우스 왕에게 보내졌다가 곧 풀려났다. 하지만 트라키아로 되돌아가던 중 산 속에서 야수의 습격을 받아 그만 죽고 말았다.

아홉 번째 명령은, 아마존족 여왕의 허리띠를 가져오는 것이었다. 아마존족은 여자들뿐인 종족이었다. 그들은 무예가 무척 뛰어났는데, 여자 아이만을 키우는 것이 그들의 관습이었다. 그래서 그들은 남자 아이가 태어나면, 죽이거나 이웃 나라로 보냈다.

헤라클레스는 그리스에서 이름난 영웅들을 모아서 아마존족의 나라로 갔다. 아마존족은 헤라클레스 일행을 반갑게 맞아 주었다.

“이렇게 무예에 뛰어난 분들이 우리 나라를 찾아 주시니, 무슨 말로 감사의 마음을 전해야 할지 모르겠습니다.”

“오히려 저희가 고맙습니다. 한 가지 부탁이 있는데, 들어주시겠습니까?”

“제가 들어드릴 수 있는 부탁이라면 기꺼이 들어드리겠습니다.”

“여왕님의 허리띠가 필요합니다. 주실 수 있겠습니까?”

“물론입니다. 제가 허리띠를 드리면 이 곳에 며칠 더 머물러 주시겠습니까?”

히폴리테 여왕은 헤라클레스를 이길 수 없을 것이라고 생각했기 때문에, 허리띠를 주기로 했다. 헤라클레스 일행은 아마존족의 극진한 대접을 받으며 지내게 되었다.

그런데 그 모습을 헤라가 보게 되었다.

"그렇게 쉽게 얻을 수 있을 것 같으냐?"

헤라는 아마존족의 여자로 변장을 하고 모습을 나타냈다. 그리고 헤라클레스가 히폴리테 여왕을 납치하려고 한다는 소문을 퍼뜨렸다. 여왕이 위험에 빠진 것으로 안 아마존족은, 무장을 하고 헤라클레스의 배로 쳐들어갔다. 이곳 저곳에서 싸움이 일어났다.

'여왕이 나를 속인 것이 분명해!'

헤라가 꾸민 일이라고는 생각하지 못했던 헤라클레스는, 히폴리테 여왕을 죽이고 허리띠를 가져갔다.

열 번째 명령은, 게리온의 소를 가져오는 것이었다. 그 소는 에리테이아 섬에 살고 있었는데, 몸이 세 개나 있었다. 헤라클레스는 여러 나라를 지나, 리비아와 유럽의 경계에까지 왔다. 그는 이 여행을 기념하기 위해서 칼페 산과 아빌레 산을 세웠다. 이 산은 '헤라클레스의 기둥'이라고 불리고 있다.

적도를 지나던 헤라클레스는 따가운 햇볕을 참을 수가 없었다. 그는 태양신에게 욕을 하면서 화살을 마구 쏘았다.

"허허, 용기 한번 대단하구나!"

태양신은 헤라클레스에게, 자신이 밤마다 서쪽 바다에서 동쪽 바다로 건너갈 때 사용하는, 금으로 만든 배를 빌려주었다. 그는 그 배를 타고 에리테이아 섬으로 갔다.

그런데 이번에는 대양신이 나타났다.

"네가 태양신에게 화살을 쏘았다고 해도, 나에게는 그럴 수 없을 거다. 배 위에서 나에게 반항을 했다가는 어떻게 되는지 알지?"

대양신은 파도를 일으켜서, 헤라클레스가 탄 배를 빙빙 돌렸다. 그러자 헤라클레스는 대양신에게도 화살을 마구 쏘았다. 대양신은 놀라서 얼른 파도를 가라앉혔다.

얼마 후, 헤라클레스는 에리테이아 섬에 도착했다. 게리온의 소는 거인 에우리티온과 머리가 둘 달린 개가 지키고 있었다. 헤라클레스는 기죽지 않고 곤봉으로 거인과 개를 내리쳐서 물리쳤다. 그리고 금으로 된 배에다 소를 싣고 고향으로 돌아왔다.

열한 번째 명령은, 열두 가지 중에서 가장 어려운 것이었다. 그것은 헤스페리스 동산에서 황금 사과를 따오는 일이었다. 그 사과는 헤라가 대지의 여신에게 결혼 선물로 받은 것인데, 헤스페리스의 딸들에게 지키게 하고, 잠들지 않는 용까지 곁에 두게 했다. 평소에는 사과나무 아래에서 헤스페리스들이 노래하고 춤추며 즐겁게 지내지만, 낯선 사람이 다가가면 사과나무 뒤에 있던 용이 나타나서 공격했다. 그래서 그 누구도 사과나무 근처에 다가갈 수 없었다. 그리고 하늘나라는 매우 넓었기 때문에, 헤스페리스 동산을 찾는 것도 쉬운 일은 아니었다.

헤라클레스는, 헤스페리스 동산으로 가는 길을 알고 있는 할아버지를 찾아갔다. 그렇지만 할아버지는 신들의 노여움을 사고 싶지 않았기 때문에, 헤라클레스를 피하기만 했다. 하지만 헤라클레스를 막을 수는 없었다. 할아버지가 맹수로 변하면, 헤라클레스는 맹수의 뿔을 붙잡아 공격했다. 그러자 할아버지는 불로 변해서 헤라클레스의 수염과 머리카락을 태우고, 바람으로 변해서 도망가려고 했다. 그렇지만 결국 헤라클레스에게 붙잡히고 말았다.

"자네처럼 힘이 센 사람은 지금까지 본 적이 없다네. 자네 정도라면 헤스페리스 동산을 찾을 수 있을 거야."

할아버지는 헤라클레스에게 헤스페리스 동산으로 가는 길을 자세히 일러주었다.

얼마 후, 헤라클레스는 카프카스 산 꼭대기에 도착했다. 그 곳에서 헤라클레스는 이상한 소리를 들을 수 있었다. 그것은 바로 프로메테우스의 신음 소리였다. 프로메테우스는 인간들에게 불을 훔쳐다 준 죄로, 제우스에게 벌을 받고 있었다. 제우스가 커다란 독수리로 하여금 하루에 한 번씩 프로메테우스의 간을 파먹게 했던 것이다. 간은 날마다 새로 돋아서 그 고통은 끝나지 않고 계속되었다.

헤라클레스는 고통스러워하는 프로메테우스를 가만히 내버려둘 수 없었다. 그는 독수리를 겨냥해서 활을 당겼다. 그렇게도 프로메테우스를 괴롭히던 독수리는 화살을 맞고, 바위로 뚝 떨어져 죽고 말았다. 헤라클레스는 서둘러 프로메테우스를 묶고 있던 쇠사슬을 끊어 주었다.

"고맙네. 내가 황금 사과를 딸 수 있는 방법을 가르쳐 주겠네. 인간은 헤스페리스 동산에 들어갈 수 없어. 그러니 하늘을 떠받들고 있는 아틀라스에게 도움을 청하도록 해. 한 가지 주의할 점은, 아틀라스가 오랫동안 하늘을 떠받들고 있었기 때문에, 그 일을 너에게 떠맡기려고 할지도 모른다는 거야. 조심하도록 해."

얼마 후, 헤라클레스는 프로메테우스가 가르쳐 준 대로 아틀라스가 있는 곳으로 갔다.

"헤스페리스 동산에 있는 황금 사과를 따다 주신다면, 그 동안에 제가 하늘을 떠받들고 있겠습니다."

"정말이냐?"

아틀라스는 무척 기뻐하며 헤라클레스의 말을 따르기로 했다. 잠시 후, 아틀라스는 황금 사과를 따 가지고 돌아왔다.

"내가 황금 사과를 전해 주고 올 테니 조금만 더 기다리거라."

그 때, 헤라클레스는 프로메테우스의 말을 떠올렸다.

"잠깐만 기다려 주세요. 이쪽 어깨로만 받치고 있으니까 어깨가 너무 아픕니다. 다른 쪽 어깨로 바꿀 동안 잠깐만 들어 주세요."

아틀라스가 하늘을 받자, 헤라클레스는 황금 사과를 집어들고 도망쳤다.

'이번 명령도 끝냈다!'

헤라클레스는 황금 사과를 꼭 쥐고 에우리스테우스에게로 돌아갔다.

마지막으로, 죽음의 나라에 있는 케르베로스라는 개를 데리고 오라는 명령이 헤라클레스를 기다리고 있었다. 그 개는 머리가 셋이나 달렸고 뱀의 꼬리가 달린 괴물이었다.

헤라클레스는 헤르메스의 안내를 받아 죽음의 나라로 들어갔다. 죽음의 나라에 있는 사람들은 헤라클레스의 모습을 보고 겁에 질렸다. 사자 가죽을 뒤집어쓰고 곤봉을 든 모습에, 케르베로스조차도 뒷걸음질을 쳤다.

헤라클레스는 당당하게 하데스 앞으로 나아갔다.

"케르베로스를 빌려주십시오."

하데스는 왕비 페르세포네의 환심을 사려고, 순순히 빌려주기로 했다.

"대신 조건이 있다. 케르베로스가 다치지 않도록, 무기를 사용하지 말고 데려가도록 하라."

"알겠습니다."

헤라클레스는 맨손으로 케르베로스의 목을 감아서 바깥으로 데리고 나왔다. 지상으로 올라간 헤라클레스는 곧장 에우리스테우스 왕에게로 갔다.

"됐다, 됐어! 어서 데리고 나가거라. 이제 너는 자유다!"

에우리스테우스 왕은 질겁을 해서 소리쳤다.

헤라클레스는 기뻐하며 곧장 죽음의 나라로 가서 케르베로스를 돌려주었다.

열두 가지 명령을 모두 수행한 후, 헤라클레스는 아내 메가라에게 말했다.

"나는 당신의 남편이 될 자격이 없소. 나는 자식을 죽인 사람이오. 나를 볼 때마다 당신은 그 아픈 기억을 떠올려야 할 것이오. 그러니 부디 좋은 사람 만나 행복하게 지내요."

헤라클레스는 메가라를 이올라오스와 결혼시켰다.

그 후 헤라클레스는 오이칼리아의 에우리토스 왕이 주최한 궁술대회에 참가했다.

"이번 대회에서 우승하는 사람은 내 딸 이올레와 결혼할 수 있게 해주겠다!"

참가자들은 아름다운 이올레 공주를 얻기 위해 최선을 다했다. 하지만 역시 승자는 헤라클레스였다. 하지만 에우리토스 왕은 이올레 공주와의 결혼을 허락하지 않았다. 헤라클레스의 불행했던 결혼 생활에 대해 들었기 때문이었다. 몹시 화가 난 헤라클레스는 오이칼리아를 떠나버렸다.

그 때 에우리토스 왕이 가지고 있던 말과 소 몇 마리가 없어졌다. 에우리토스 왕의 아들 이피토스는 헤라클레스를 찾아와 말과 소를 찾아 달라고 청했다.

"좋소. 문제없어!"

헤라클레스는 흔쾌히 승낙하고, 이피토스와 함께 길을 떠났다. 사실 그 말과 소는 아우리코스가 훔친 것이었다. 그런데 얼마 후, 헤라클레스는 이피토스를 성벽에서 떨어뜨려서 죽이고 말았다. 아마도 자신을 의심한다고 생각했기 때문일 것이다.

'내가 왜 사람을 죽였을까?'

헤라클레스는 어떻게 해서든 죄를 씻어야겠다고 생각했다. 처음에 그는 필로스의 넬레우스 왕을 찾아갔다. 그렇지만 에우리토스 왕의 친구였던 넬레우스 왕은 죄를 씻어 주는 것을 거절했다.

그 후, 헤라클레스는 델포이의 신탁을 들으러 갔다. 그렇지만 이 곳에서도 헤라클레스를 받아 주지 않았다. 헤라클레스의 광포함을 겁낸 무녀 피티아가 그를 쫓아내려고 했던 것이다.

"죄를 용서받겠다는 것도 잘못입니까? 왜 내가 못 들어갑니까?"

헤라클레스는 피티아가 앉아 있는 삼각대를 빼앗고, 델포이 신전을 파괴하겠다고 협박했다. 그러자 델포이 신전의 주인 아폴론이 나타나서, 헤라클레스와 싸움을 벌였다.

"감히 신전에서 싸움을 벌여?"

제우스는 벼락을 내려서 둘을 떼어 놓았다.

결국 헤라클레스는 3년 동안 노예로 일해야만 했다. 이피토스를 죽인 것에 대해서는 배상금을 지불하라는 명령을 받았지만, 에우리토스가 이것을 거절했다.

헤라클레스는 리디아의 트몰로스 왕의 미망인 옴팔레에게 노예로 팔려갔다. 헤라클레스는 옴팔레 밑에서 일하면서, 광기를 치료할 수 있었다.

원숭이 얼굴을 한 케르코프스라는 도둑들을 잡고, 나그네를 붙잡아 자기 포도밭에서 일을 시키던 실레우스를 죽였다. 그리고 옴팔레의 적이었던 이트네 인을 무찌르고 그들의 도시를 파괴했다.

또, 헤라클레스는 여자 옷을 입고 하녀들과 실을 잣기도 했다. 그와 반대로 옴팔레 여왕은, 헤라클레스의 사자 가죽을 입고 다녔다고 한다.

노예살이가 끝나자, 헤라클레스는 오이네우스 왕의 딸 데이아네이라와 결혼했다. 그 후 3년 동안은 무척 행복한 날들이 계속되었다. 그러던 어느 날, 헤라클레스는 데이아네이라와 여행을 떠났다. 그런데 얼마 못 가 큰 강을 만나게 되었다. 강이 너무 깊고 물살이 세서, 데이아네이라는 혼자서 건널 수가 없었다. 마침, 요금을 받고 강을 건너게 해 주는 켄타우로스족 네소스가 보였다.

"네소스, 내 아내 데이아네이라를 잘 부탁합니다."

헤라클레스는 먼저 강을 건넜다. 그런데 잠시 후, 데이아네이라의 비명 소리가 들렸다. 네소스가 데이아네이라를 데리고 도망치고 있었던 것이다. 헤라클레스는 재빨리 네소스에게 화살을 쏘았다. 네소스는 죽어가면서 데이아네이라에게 말했다.

"어서 내 피를 받아 두시오. 언젠가 당신에 대한 헤라클레스의 사랑이 식으면, 내 피를 남편의 옷에 바르시오. 그러면 둘 사이는 다시 좋아질 것이오."

데이아네이라는 그가 시키는 대로 했다.

시간이 흐른 후, 네소스의 피를 써야 할 때가 왔다. 헤라클레스는 정복 중에 이올레를 잡아왔는데, 이올레를 무척 좋아했던 것이다. 헤라클레스는 자신의 승리를 감사하기 위해서, 신들에게 제물을 바치기로 했다. 그래서 데이아네이라에게 사람을 보내서 예복을 보내도록 했다. 데이아네이라는 흰 예복에 네소스의 피를 묻히고, 흔적이 남지 않도록 깨끗이 빨았다. 그렇지만 그 마법의 힘만은 남아 있었다.

헤라클레스가 옷을 입자, 독은 그의 온몸에 스며들었다. 고통으로 아무엇도 생각할 수 없었던 헤라클레스는 옷을 가져온 리카스를 바닷속으로 던져 버렸다. 옷을 벗으려고 하면 할수록 몸에 더욱 찰싹 붙었다. 결국 헤라클레스는 살점과 함께 옷을 뜯어내 버렸다. 이 모습을 본 데이아네이라는 고통을 이기지 못하고 자살하고 말았다.

'이렇게 살수는 없다. 죽자.'

헤라클레스는 오이테 산으로 올라가서 화장할 나무를 쌓았다. 그리고 필록테테스에게 말했다.

"필록테테스, 이 활과 화살을 받아라."

그리고 헤라클레스는 나무더미 위로 올라가 누웠다.

"자, 이제 불을 붙여라!"

필록테테스는 헤라클레스가 시키는 대로 했다. 불길은 순식간에 퍼져서, 나무더미는 활활 타오르게 되었다. 그리스 최고의 영웅 헤라클레스는 불행한 삶을 마감하게 되었던 것이다.

테세우스

힘이 세기로 유명한 아테네의 왕 아이게우스에게는 걱정이 한 가지 있었다. 결혼한 지 오래되었는데, 아들이 생기지 않았던 것이다.

"아들을 낳아야 왕위를 물려줄 수 있는데 큰일이구나. 델포이 신탁을 들어 봐야겠어."

아이게우스 왕은 그길로 델포이로 달려갔다. 그런데 참 이상한 신탁을 들을 수 있었다.

'아테네로 돌아갈 때까지는 술 부대의 마개를 뽑지 말아라.'

아이게우스는 신탁의 뜻을 알 수가 없었다.

"그래, 피테우스에게 가서 물어보자!"

피테우스는 아테네의 이웃 나라인 트로이젠의 왕이었다. 아이게우스와는 절친한 친구 사이였고, 알쏭달쏭한 신탁을 잘 풀었다. 아이게우스의 말을 들은 피테우스는 빙긋 미소를 지었다.

"축하하네. 자네에게 곧 아들이 생기겠어."

"아니, 술이랑 아들이랑 무슨 상관이란 말인가?"

"신탁의 내용은 자네에게 곧 아들이 생기고, 그 아들이 영웅이 된다는 거야."

아이게우스는 피테우스의 말을 이해할 수 없었다.

"어쨌든 좋은 신탁 아닌가! 우리 술이나 한잔 하세."

아이게우스는 딸 아이트라에게 술상을 내오도록 했다. 한 잔, 두 잔, 피테우스가 권하는 술을 마신 아이게우스는 곧 취하고 말았다. 그런 아이게우스를 보며 피테우스는 생각했다.

'아이게우스의 아들이 영웅이 된다고? 그 아들을 내 딸이 낳는다면 더욱더 좋은 일이 아닌가?'

피테우스는 아이게우스가 잠든 방으로 아이트라를 밀어넣었다.

"아이트라, 꼭 아들을 낳도록 해라!"

밤이 지나고, 잠에서 깨어난 아이게우스는 놀란 입을 다물 수 없었다.

"아이트라, 이게 어떻게 된 일이오?"

"우린 어젯밤에 결혼했어요. 잊으셨어요?"

그제야 아이게우스는 모든 사실을 알아차릴 수 있었다. 하지만 아테네의 왕인 아이게우스가 트로이젠에 머물 수는 없었다. 아이게우스는 아이트라를 데리고 궁전 뒤의 언덕으로 올라갔다. 그리고 커다란 바위를 번쩍 들어서, 그 안에 금으로 만든 샌들과 멋있게 장식된 칼 한 자루를 넣었다.

"아이트라, 만약에 아들이 태어나면 잘 길러 주시오. 그리고 아이가

자라서 이 바위를 들 수 있을 때가 되면, 샌들과 칼을 찾아서 나에게
로 보내 주시오."

말을 마친 아이게우스는 아테네로 떠났다.

그 후, 아이트라는 아들 테세우스를 낳았다. 테세우스는 어머니 아이
트라와 외할아버지 피테우스의 따뜻한 보살핌 아래서 씩씩하게 자랐다.
그러나 어머니와 외할아버지의 사랑에도 불구하고, 테세우스는 늘 마음
한 구석이 텅 빈 것만 같았다. 친구들에게는 모두 아버지가 있었지만
자신에게는 있지 않았기 때문이다.

테세우스는 가끔씩 어머니에게, 아버지에 대한 이야기를 해 달라고
졸랐다. 그럴 때마다 어머니는,

"조금만 더 기다리거라. 네가 조금 더 크면 아버지가 누구인지, 어디
에 계신지 알 수 있을 거야. 그 때까지 열심히 무예를 익히도록 하
렴."

라고 말했다. 테세우스는 아버지를 만날 날을 기다리면서, 학문과 무예
를 열심히 익혔다.

테세우스가 일곱 살 때의 일이었다. 평소에 무척이나 존경하던 헤라
클레스가, 외할아버지의 저녁식사에 초대되어 왔다. 헤라클레스가 왔다
는 이야기를 들은 테세우스는, 외할아버지가 손님과 식사 중인 것도 모
르고 친구들과 우르르 몰려갔다. 그런데 마구 뛰어가던 친구들이 뒷걸
음질치기 시작했다.

"으악! 사자다!"

헤라클레스의 옆에는 날카롭게 발톱을 세운 사자가 잠들어 있었다.

"저까짓 사자가 뭐가 무섭다고 그래?"

테세우스는 하인에게 도끼를 가져오게 하더니 사자를 내리쳤다. 그런
데 그 사자는 살아 있는 사자가 아니라, 죽은 사자의 가죽이었다. 헤라

클레스가 늘 쓰고 다니던 것이었는데, 잠시 벗어 두었던 것이다.

"허허허, 이렇게 작은 아이가 사자를 두려워하지 않다니, 참으로 대단하구나."

헤라클레스는 테세우스의 머리를 쓰다듬으며 칭찬하기 시작했다.

"네가 어른이 되면, 분명히 훌륭한 인물이 될 수 있을 거야. 암, 그렇고말고!"

헤라클레스의 칭찬을 받은 테세우스는 더욱더 열심히 무예를 닦았다. 테세우스가 열여섯 살이 되었을 때에는, 그를 따를 사람이 아무도 없을 정도였다.

테세우스가 그 누구보다도 강해지자, 어머니 아이트라는 테세우스를 조용히 불렀다.

"테세우스, 이제 네 아버지가 어떤 분인지 알려줄 때가 온 것 같구나."

아이트라는 테세우스를 궁전 뒤 언덕으로 데리고 갔다. 그리고 아이게우스가 샌들과 칼을 숨겨 놓았던 바위 앞으로 갔다.

"테세우스, 이 바위를 들어 보아라."

테세우스는 조금씩 힘을 주면서 바위를 들었다. 그러자 바위 아래에서는 금으로 된 샌들과 멋있게 장식된 칼이 나왔다.

"테세우스, 이제 네 아버지에게로 갈 때가 왔구나. 이 샌들과 칼은 아버지가 네게 남긴 물건들이란다. 네 아버지는 이웃 나라인 아테네의 아이게우스 왕이시란다. 네 아버지는 네가 자라면, 이 샌들과 칼을 가지고 아테네로 오라고 하셨어. 이 샌들과 칼이 네가 아버지의 아들이라는 증거이니, 소중히 간직하고 아버지에게로 가거라. 건강해야 한다."

아이트라는 눈물을 머금은 채 테세우스를 떠나보냈다. 아이게우스는

테세우스에게 배를 타고 가라고 했다. 그 무렵 육지에는 도둑들이 날뛰고 있었기 때문이었다.

"괜찮아요! 그깟 도둑쯤이야 제 손으로 모두 헤치울 수 있다고요!"

테세우스는 아테네를 향해 길을 떠났다.

첫날, 그는 에피다우로스에 도착했다. 그 곳에는 헤파이스토스의 아들인 페리페테스가 살고 있었다. 페리페테스는 지나가는 사람들을 쇠몽둥이로 때려죽이고, 물건을 빼앗곤 했다. 사람들은 모두 페리페테스가 무서워서 겁을 먹고 있었다. 하지만 테세우스는 페리페테스에게 당당하게 맞섰다.

"이놈아! 네가 무사할 줄 알았더냐?"

"저 조그만 놈이 겁도 없이 덤벼?"

페리페테스는 테세우스가 달려드는 것을 보고 먼저 공격했지만, 테세우스의 힘에는 당할 수 없었다. 결국 페리페테스는 다른 사람들에게 했던 것처럼 자신도 똑같이 당하고 말았다. 그 후, 페리페테스의 쇠몽둥이는 테세우스의 무기가 되었다.

그 다음 만난 악당은 시니스라는 사람이었다. 시니스는 나무 두 그루를 휘게 해 놓고, 지나가는 사람을 묶었다. 그리고는 나무를 놓아 버려서 사람들의 목숨을 잃게 했다.

"시니스, 너도 똑같이 당해 봐라!"

테세우스는 시니스도 두려워하지 않고, 다른 사람과 똑같이 해 주었다.

그 다음 만난 악당은 스키론이었다. 스키론은 지나가는 사람을 잡아다가 발을 씻기도록 했다. 그런 후에는 절벽 아래로 차서, 바다거북의 먹이가 되게 했다.

아무리 무시무시한 스키론이라 해도 테세우스에게는 당할 수 없었다.

결국 스키론도 다른 사람들에게 했던 것처럼, 자신도 똑같이 당하고 말았다.

테세우스는 또 프로크루스테스라는 악당도 만났다. 프로크루스테스는 지나가는 사람들을 붙잡아서, 자신의 집에 마련해 둔 쇠침대에 누였다. 그래서 침대 길이보다 작으면 늘여서 죽였고, 크면 발을 잘라서 죽였다. 하지만 프로크루스테스도 테세우스 앞에서는 꼼짝도 할 수 없었다.

이렇게 모든 위험을 극복한 테세우스는, 아버지의 나라 아테네에 도착했다. 이미 테세우스에 대한 소문은 아테네 시내에 파다하게 퍼져 있었다.

"저 사람이 테세우스란 말이야?"

"저 우람한 팔 좀 봐!"

사람들은 테세우스의 모습을 보고 웅성대기 시작했다.

아이게우스의 왕비 메데이아도 테세우스에 대한 소문을 듣게 되었다. 메데이아는 황금 양털을 찾으러 갔던 이아손의 아내였다.

메데이아는 테세우스가 아이게우스의 아들이라는 사실을 알고 있었다.

'만약 아이게우스가 테세우스에게 왕위를 물려주면 어떡하지?'

메데이아는 자신이 낳은 아들이 왕위를 잇게 하려고 무서운 계획을 세우기 시작했다.

메데이아는 아이게우스에게 가서 말했다.

"테세우스가 위험을 무릅쓰고 아테네에 온 이유가 무엇일까요? 혹시 왕위를 노리고 그런 것은 아닐까요?"

메데이아는 왕의 마음을 살살 흔들었다. 메데이아의 말을 들은 아이게우스는 두려움에 떨고 있었다.

"좋은 방법이 있어요. 테세우스만 없어지면 될 일 아니겠어요? 테세우스에게 잔치를 베풀어 주세요. 테세우스에게 제가 만든 술을 먹이면, 그는 온몸에 독이 퍼져 죽고 말 거예요."

아이게우스는 테세우스를 궁전으로 초대했다. 아이게우스는 테세우스를 반갑게 맞았지만, 그가 자신의 아들이라는 것은 모르고 있었다.

테세우스의 늠름한 모습에 아이게우스는 한동안 넋을 잃을 것만 같았다.

'나에게도 저런 아들이 있다면 얼마나 좋을까?'

메데이아는 아이게우스의 마음을 눈치채고, 얼른 테세우스에게 술을 권했다.

"그렇게 위험한 사람들을 척척 물리치셨다니 정말 훌륭하세요. 자, 이 술 좀 드세요."

"고맙습니다. 저에게 이런 후한 대접을 해 주시니, 몸둘 바를 모르겠습니다."

테세우스는 잔을 들어올린 후, 왕의 건강을 기원하려고 방향을 바꾸었다. 그 때, 아이게우스는 테세우스의 허리에 찬 칼을 보게 되었다.

'저 칼은 아테네 왕가의 칼이다. 그래, 내가 트로이젠의 바위 밑에 묻었던 바로 그 칼이야!'

아이게우스는 재빨리, 테세우스가 든 술잔을 마루 위로 떨어뜨렸다. 독이 든 술이 마루에 떨어지자, 술이 쏟아진 부분이 검게 타들어 갔다. 그 후, 아테네 왕가에서는 독의 위험을 후세 사람들에게 알리기 위해서, 마루에 칸막이를 세워 두었다.

'앗! 이제 다 틀렸다.'

메데이아는 급히 창가로 가서 주문을 외웠다. 그러자 하늘에서 용이 끄는 마차가 내려왔다. 메데이아는 용 마차를 타고 사라졌는데, 그 후

메데이아의 모습을 본 사람은 아무도 없었다. 아이게우스는 테세우스에게 물었다.

"이리로 가까이 오너라. 그 칼과 샌들 좀 보자."

테세우스는 아이게우스를 꼭 껴안았다.

"아버지! 제가 바로 트로이젠에서 온 당신의 아들 테세우스입니다."

아이게우스는 테세우스의 손을 꼭 잡았다.

"이렇게 늠름하고 씩씩하게 자라 주다니 정말 고맙구나."

궁전에서는 큰 잔치가 벌어졌다.

"모두들 마음껏 즐기세요! 오늘처럼 기쁜 날을 그냥 보낼 수는 없지 않겠습니까?"

아이게우스와 테세우스, 그리고 온 백성들은 밤이 새도록 노래하고 춤추며 즐거운 시간을 보냈다.

어느 날, 테세우스는 백성들의 표정이 어두운 것을 깨달았다.

'무슨 일이 있길래 온 나라가 이렇게 침울할까?'

그 때, 아테네에서는 크레타의 미노스 왕에게, 1년에 한 번씩 조공을 바쳐야만 했다. 그 조공이라는 것은 바로 소년 일곱 명과 소녀 일곱 명을 산 채로 바치는 것이었다. 이 소년 소녀들은 크레타 섬에 있는 미노타우로스라는 괴물의 먹이가 되었다.

미노스의 자식인 미노타우로스는 몸은 인간이고, 머리는 소의 모습을 하고 있었다. 미노스 왕은 미노타우로스가 너무 부끄러워서, 다이달로스가 만든 미궁에 가두어 버렸다. 이 미궁은 너무나 복잡해서 한 번 들어가면 밖으로 나올 수가 없었다. 미궁을 만든 다이달로스조차도 그 입구를 찾을 수가 없을 정도였다. 한동안 생각에 잠겼던 테세우스는 아이게우스에게 말했다.

“저를 크레타 섬에 보내 주세요. 제가 가서 그 괴물을 물리치겠습니다.”

“안 된다. 너를 잃고 싶지 않아!”

아무리 아이게우스가 반대해도 테세우스의 뜻은 꺾이지 않았다.

얼마 후, 조공으로 바쳐질 소년 소녀들의 제비뽑기가 시작되었다. 테세우스는 자진해서 그 무리에 끼어들었다.

“아버지, 아버지를 실망시키는 일은 절대로 일어나지 않을 것입니다. 지금 이렇게 검은 돛을 달고 떠나지만, 돌아올 때에는 승리의 표시로 흰 돛을 달고 오겠습니다.”

눈물의 배웅을 받으며, 검은 돛을 단 배는 크레타 섬을 향해 떠났다.

크레타 섬에 도착한 소년 소녀들은 미노스 왕 앞으로 끌려갔다.

“하하하, 어디 좀 보자.”

미노스 왕은 제물이 된 소년 소녀들을 하나하나 살폈다. 테세우스는 그 모습을 보고 참을 수가 없었다.

‘우리가 왜 이런 대접을 받아야 하지?’

테세우스는 참지 못하고 미노스 왕에게 마구 대들었다.

“이런 건방진 놈! 감히 나에게 대들다니!”

미노스 왕은 몹시 화를 냈다.

“이 반지가 보이느냐? 내가 지금 이 반지를 바닷속에 던질 테니 찾아오도록 해라. 찾아올 자신이 없다면, 지금 내 앞에 무릎을 꿇는 것이 좋을 거야. 그리고 그 보상으로 미궁에 가장 먼저 들여보내 주마. 하하하!”

미노스 왕은 손에서 반지를 빼서 바닷속으로 던졌다.

‘절대 찾을 수 없을걸!’

테세우스는 당당하게 미노스 왕에게 말했다.

"내가 무슨 수를 써서라도 반지를 찾고야 말겠다. 내가 반지를 찾아
오면, 너는 우리에게 사과해야 한다!"

테세우스는 바다를 바라보며 기도를 올리기 시작했다. 바다의 신 포
세이돈은 테세우스가 어렸을 때부터 지켜 주었던 수호신이었던 것이다.

기도를 마치자, 테세우스는 바닷속으로 뛰어들었다. 그러자 주위에서
돌고래들이 모여들어 테세우스를 등에 태우고, 바다의 여신이 있는 궁
전으로 데리고 갔다. 그리고 바닷속 깊은 곳에 박혀 있던 미노스 왕의
반지를 찾아왔다.

바다의 여신은 테세우스에게 왕관 하나를 주었다. 무척 화려하고 아
름다운 왕관이었다.

"미래의 신부에게 이 왕관을 주세요."

테세우스는 당당하게 반지와 왕관을 가지고 미노스 왕에게 돌아왔다.

"자, 이 반지를 받아라!"

테세우스가 반지를 가지고 오자, 미노스 왕은 무척 당황했다.

"네가 반지를 가져왔다고 해서 달라지는 것은 없다. 너희들은 모두
미노타우로스의 먹이가 될 것이야! 하하하!"

그 때, 테세우스를 안타깝게 바라보는 한 여자가 있었다. 그 사람은
바로 미노스 왕의 딸 아리아드네였다. 아리아드네는 테세우스를 보고
한눈에 반했던 것이다. 그녀가 지금까지 보아 왔던 사람들은 모두들 미
노스 왕의 눈치만 보며 굽신거렸다. 하지만 테세우스는 조금도 굽힘이
없었던 것이다.

'아버지를 배신하게 되더라도 테세우스님을 돕겠어.'

해가 지자, 아리아드네는 제물이 될 소년 소녀들과 테세우스가 있는
곳으로 갔다. 테세우스는 잠을 이루지 못하고, 죄 없는 사람들을 구할

방법을 생각하고 있었다. 아리아드네는 조용히 테세우스에게 다가갔다.

"저는 테세우스님을 도우려고 왔습니다. 테세우스님이라면 미노타우로스쯤은 간단히 물리칠 수 있을 거예요. 하지만 미궁에서 빠져 나오는 것이 큰 문제랍니다. 지금까지 미궁에 들어갔다가 살아서 돌아온 사람은 아무도 없었거든요. 하지만 한 가지 방법이 있습니다. 제 말에만 따르신다면 미궁을 빠져 나올 수 있을 거예요. 자, 이 실타래를 받으세요. 미궁에 들어가시면 문고리를 실로 묶으세요. 그리고 계속 실을 풀면서 안으로 들어가세요. 나오실 때에는 그 실을 따라오면 되는 겁니다."

"정말 고맙습니다. 공주님 덕분에 우리는 살아 돌아갈 수 있게 되었습니다. 공주님께 선물을 하고 싶은데 어떤 것이 좋을까요?"

"테세우스님께서 미궁에서 나오게 되면, 저를 아테네로 데려가 주세요. 제가 포로를 도와서 미노타우로스를 죽인 사실을 아버지가 알게 되면, 아버지는 저를 죽이고 말 거예요."

테세우스는 아리아드네에게 왕관을 주며 말했다.

"이 왕관은 바다의 여신께서 미래의 신부에게 주라며 선물하신 것입니다. 미노타우로스를 물리치고 미궁에서 빠져 나와 공주님과 결혼하겠습니다."

테세우스는 아리아드네의 두 손을 잡고 굳게 약속했다.

크레타 섬이 어둠에 잠긴 깊은 밤, 테세우스와 아리아드네는 미궁으로 들어갔다.

문고리에 실 한쪽을 묶고, 조금씩 실타래를 풀며 테세우스는 앞으로 나아갔다.

아리아드네의 왕관 덕분에 어두웠던 미궁은 점점 밝아졌다.

'나는 할 수 있다. 반드시 살아 돌아갈 거야.'

갑자기 쿵쿵거리는 소리가 들리더니, 흉측하게 생긴 미노타우로스가 테세우스에게 달려들었다.

"그래, 잘 왔다! 네가 나를 이길 수 있을 것 같으냐?"

테세우스는 날렵하게 미노타우로스를 공격하며, 급소에 칼을 찔렀다. 미노타우로스는 테세우스의 발밑에 쓰러지고 말았다. 테세우스는 실을 따라 미궁 입구로 돌아왔다.

"테세우스 님!"

아리아드네는 기쁨의 눈물을 흘리며 테세우스에게 안겼다.

"자, 이제 아테네로 돌아갑시다!"

테세우스와 아리아드네는 서둘러 바닷가로 달려갔다. 바닷가에서는 소년 소녀들이 탄 배가 테세우스를 기다리고 있었다. 테세우스와 아리아드네는 다른 배에 구멍을 뚫기 시작했다. 그래서 미노스 왕은 테세우스의 뒤를 쫓을 수가 없었다.

테세우스 일행을 태운 배는 아테네를 향해 떠났다. 크레타 섬에서 멀어지자, 테세우스는 잠시 쉬기 위해 낙소스 섬에 내렸다.

"우리, 이 섬에서 잠시 동안만 쉬었다가 갑시다!"

아리아드네는 나무 그늘을 찾아갔다.

"아, 피곤해! 잠깐 눈 좀 붙여야겠다."

밤새 긴장했던 아리아드네는 곧 깊은 잠에 빠져들었다. 얼마 후, 일행들은 다시 아테네를 향해 떠나기로 했다. 하지만 아리아드네는 배로 돌아오지 않고 있었다.

"공주님이 어디 갔지?"

테세우스와 일행들은 오랫동안 아리아드네를 기다렸지만, 아무리 기다려도 아리아드네는 돌아오지 않았다.

"테세우스님, 그냥 돌아가요. 공주님께서는 저희와 함께 가지 않으시려나 봐요."

테세우스는 어쩔 수 없이 배를 출발시키기로 했다. 하지만 아리아드네에 대한 걱정을 떨칠 수는 없었다.

'내가 아테네로 돌아갈 수 있도록 도와준 고마운 사람인데, 어떻게 됐을까?'

아리아드네를 걱정하느라 테세우스는, 아버지 아이게우스와 한 약속은 까맣게 잊고 말았다. 검은 돛을 그대로 달고 있었던 것이다.

아이게우스는 매일 아테네 항구가 보이는 산꼭대기로 나가 테세우스를 기다렸다. 그러던 어느 날, 아이게우스는 배 한 척이 항구로 들어오는 것을 보았다.

"무슨 색 돛을 달고 있을까?"

배를 뚫어지게 바라보던 아이게우스는 그 자리에 주저앉고 말았다.

"검은 돛이야. 그러면 내 아들 테세우스가……."

이제 아이게우스에게는 아무런 희망도 남아 있지 않았다. 어렵게 만난 소중한 아들을 잃은 아버지의 슬픔은 말로 표현할 수 없는 것이었다. 아이게우스는 높은 절벽에서 뛰어내리고 말았다. 그 때부터 이 바다를 아이가이온 바다라고 부른다.

낙소스 섬에 남겨진 아리아드네는 어떻게 됐을까? 잠에서 깨어나 테세우스의 배가 떠나 버린 것을 알게 된 아리아드네는 하염없이 눈물만 흘리고 있었다.

'나는 테세우스님을 위해서 아버지를 배신하고, 배다른 형제까지도 죽게 했어. 그런데 테세우스님은 이렇게 날 버리고 갔구나. 아니야, 무슨 사정이 있을 거야. 이렇게 왕관까지 씌워 주셨는데, 날 쉽게 버리지는 못할 거야.'

아리아드네는 슬픈 표정으로 먼 바다만을 바라보고 있었다. 그 때, 술의 신 디오니소스가 아리아드네를 발견했다.

'무척 아름답구나.'

디오니소스는 아리아드네에게 반해 청혼했다. 아리아드네는 디오니소스와 결혼하여 행복하게 지낼 수 있었다.

아테네 항구에 도착한 테세우스는 나라의 분위기가 이상한 것을 알아차렸다. 그리고 곧, 자신의 실수 때문에 아버지가 돌아가셨다는 것을 알게 되었다. 테세우스는 몹시 괴로워하며 실의에 빠져 있었다.

"왕자님, 돌아가신 임금님께서 왕자님의 이런 모습을 보시면 어떻겠습니까? 어서 기운을 차리시고 아테네를 일으켜 세우세요!"

테세우스는 정신이 번쩍 들었다.

'그래, 아버지의 나라는 내가 지켜야 한다!'

그 후, 테세우스는 아테네를 위해 몸을 아끼지 않았다. 땅을 점점 넓혀 나갔고, 여자들로만 이루어진 아마존족을 무찌르기도 했다. 아르고호의 원정이나 칼리돈의 멧돼지 사냥에 참여하기도 했다.

어느 날, 라피타이의 왕 페이리토스가 소를 훔치려고 왔다.

"거기 서라! 아테네에서는 아무것도 가져갈 수 없다!"

테세우스는 도망치는 페이리토스의 뒤를 무섭게 쫓았다. 페이리토스는 테세우스에게 잡힐 만한 거리가 되자, 갑자기 멈추고 뒤돌아섰다. 한참을 노려보던 두 사람은 웃음을 터뜨리고 말았다.

"내가 잘못했으니 나에게 벌을 내리시오."

페이리토스의 말에 테세우스는 악수를 청하며 말했다.

"아닙니다. 당신이 마음에 들었소."

그 때부터 두 사람은 오랜 친구처럼 가깝게 지냈다. 몇 년 후, 홀아비였던 두 사람은 최고의 신부를 찾기로 했다.

"우리가 평범한 여자와 결혼할 수는 없지! 안 그래? 적어도 여신이나, 인간이라면 제우스의 딸 정도는 돼야지."

테세우스는 제우스의 딸 헬레네를, 페이리토스는 하데스의 아내가 된 페르세포네를 아내로 삼기로 했다. 먼저 두 사람은 헬레네를 납치했다. 그 때 헬레네가 너무 어렸기 때문에, 테세우스는 헬레네가 어른이 될 때까지 어머니에게 맡겨 두었다.

그리고 두 사람은 페르세포네를 납치하러 죽음의 나라로 떠났다. 두 사람의 앞을 막는 것은 아무것도 없었다. 보통 때라면 죽음의 나라를 찾은 사람들을 꾸짖어 내쫓는 망각의 강 뱃사공도 아무 말 없이 강을 건너게 해 주었다. 망각의 강을 건너면, 다시는 인간 세상으로 돌아갈 수 없었다. 그리고 사람들만 보면 무섭게 짖어 대던 죽음의 나라에 있는 개도 그들을 반겨 주었다.

"하하하! 모두들 우리가 누군지 아는 거라고!"

"일이 너무 쉬우니까 재미없는걸."

두 사람은 죽음의 나라 왕 하데스에게 나아갔다. 하데스는 이미 모든 것을 알고 있었다.

'건방진 인간들, 다시는 신들을 우습게 보지 못하도록 해 주겠다.'

하데스는 두 사람을 반갑게 맞아 주었다.

"이 곳까지 찾아오다니 정말 대단하구나. 피곤할 테니 이 의자에 앉아서 쉬도록 해라. 페르세포네는 곧 만나게 해 주겠다."

하데스는 테세우스와 페이리토스에게 의자를 권했다. 그 의자는 모든 것을 잊게 만드는 망각의 의자였다. 의자에 앉자, 두 사람은 다시 일어날 생각을 하지 못했다. 그 동안의 일을 모두 잊었고, 죽음의 나라를 찾은 이유까지도 잊어버렸다.

오랜 세월이 흐른 후, 헤라클레스가 죽음의 나라에 있는 개를 데리러 왔다. 테세우스를 발견한 헤라클레스는 무서운 힘을 발휘해서 테세우스를 의자에서 떼 주었다.

"어서 아테네로 돌아가시오. 지금 아테네는 아주 엉망이 되었단 말이오."

그제야 테세우스는 정신을 차리고, 헤라클레스에게 다시 돌아갈 수 있게 도와달라고 부탁했다.

헤라클레스는 하데스 앞으로 나아갔다.

"이 사람은 원래 겸손하고, 신을 존경합니다. 친구의 꾐에 빠져 실수를 했으니, 한번만 용서하시고 아테네로 돌려보내 주십시오."

헤라클레스의 간절한 부탁에 하데스는 테세우스를 돌려보내기로 했다. 하지만 페이리토스는 테세우스와 함께 갈 수 없었다.

테세우스는 미노스의 딸 파이드라와 결혼했다. 그에게는 파이드라와 나이가 비슷한 히폴리토스라는 아들이 있었다. 파이드라는 히폴리토스를 사랑했지만, 히폴리토스는 그녀의 마음을 거절했다. 그러자 파이드라는 남편의 마음을 부추겨서, 히폴리토스를 질투하게 했다. 테세우스는 포세이돈에게 아들을 벌해 달라고 기도했다.

히폴리토스가 이륜차를 타고 해변을 달리고 있을 때, 포세이돈은 바다 괴물을 보냈다. 놀란 말은 달아나 버리고, 이륜차는 부서지고 말았다. 히폴리토스는 그렇게 죽게 되었는데, 아르테미스의 도움으로 의술의 신 아스클레피오스에게 치료를 받고 살아났다. 아르테미스는 히폴리토스를 이탈리아로 데려가서, 님프 에게리아가 보호하게 했다.

그 후, 아테네 사람들은 테세우스를 사랑하지 않았다. 그는 아테네를 떠나야만 했다. 그는 아버지가 태어난 스키로스라는 섬으로 갔다. 스키로스의 리코메데스 왕은, 처음에는 테세우스를 따뜻하게 대해 주었다. 하지만 얼마 후, 리코메데스의 마음은 변하고 말았다.

"저 산에 가면 스키로스의 아름다운 경치를 한눈에 볼 수 있답니다. 어서 가시지요."

리코메데스는 높은 절벽으로 테세우스를 데리고 가서 밀어 버렸다. 테세우스는 깊은 바닷속으로 사라지고 말았다.

디오니소스

"뭐라고? 세멜레가 아기를 가졌다고?"

제우스의 아내 헤라는 치밀어오르는 화를 참을 수 없었다. 신성한 결혼을 지키려는 헤라에게는 도저히 용납될 수 없는 일이었다. 세멜레가 제우스를 사랑하여 아기를 가졌던 것이다.

헤라는 세멜레의 늙은 유모 베로에로 변장해서 세멜레를 찾아갔다. 세멜레를 죽일 계획이었다.

"아가씨, 나는 그가 정말 제우스인지 믿을 수가 없어요. 이 세상에는 거짓말을 하는 사람이 무척 많으니까요. 그가 정말 제우스라면 하늘에서처럼 화려한 차림을 하고, 증거를 보여 달라고 하세요. 그러면 그가 제우스인지 아닌지 알 수 있을 거예요."

그 말을 듣자, 세멜레의 마음에 의심이 일었다.

'그래, 확인해 봐야겠어.'

얼마 후, 제우스가 세멜레를 찾아왔다.

"제우스, 부탁이 있어요. 들어주실 수 있지요?"

"오, 우리 세멜레의 부탁이라면 무엇이든지 들어줄 수 있지! 저 스틱스 강에 대고 맹세하겠어."

그러자 세멜레는 자신의 부탁을 말했다. 제우스는 그녀가 말을 끝내기 전에 막으려고 했지만, 그녀가 하려는 말은 모두 입 밖으로 나온 후였다. 이제 제우스는 약속을 지키지 않으면 안 되게 되었다. 깊은 고민에 빠졌던 제우스는 하늘로 올라갔다. 그리고 잠시 후, 하늘에서의 화려한 옷차림을 하고 세멜레의 방으로 들어갔다. 그런데 인간은 신들이 뿜어내는 밝은 빛을 감당할 수 없었다. 결국 세멜레는 불에 타서 재가 되고 말았다.

"불쌍한 세멜레, 아이 걱정은 하지 마시오."

제우스는 세멜레의 몸에서 아기를 꺼내어서 니사 산의 님프들에게 맡겼다.

"내 아들 디오니소스다! 디오니소스가 잘 자랄 수 있도록 보살펴 주도록 해라."

님프들은 디오니소스를 소년이 될 때까지 잘 키웠다. 제우스는 그 보답으로 님프들을 히아데스 별자리로 만들어 주었다.

디오니소스는 자라서, 포도 재배법과 과즙 짜는 법을 알아냈다. 그는 그 방법을 사람들에게 널리 알리려고 했지만, 헤라는 그를 미치게 만들어서 멀리 쫓아 버렸다. 그래서 그는 여러 나라를 떠돌아다니는 나그네가 되었다.

디오니소스가 프리기아에 갔을 때였다. 여신 레아는 디오니소스를 치료해 주고, 그녀의 종교 의식을 가르쳐 주었다. 그 후 디오니소스는 아시아의 여러 나라를 돌아다니며, 사람들에게 포도 재배법을 가르쳐 주었다. 그는 특히 인도에서 몇 년 동안 머물렀는데, 그곳에서 깨달음을 얻을 수 있었다. 그리스로 돌아온 후, 자신의 신앙을 널리 알리려고 했지만, 군주들의 반대가 심해서 무산되고 말았다. 그들은 아마도 새로운 종교가 들어옴으로써 세상이 무질서해지고 혼란스러워질까 봐 두려웠을 것이다.

디오니소스는 고향 테베로 갔다. 테베의 펜테우스 왕 역시 디오니소스의 신앙을 인정하지 않았다. 그렇지만 테베 시민들은 디오니소스를 환영하려고 벌떼처럼 몰려들었다. 펜테우스 왕이 아무리 막으려고 해도 소용이 없었다.

"당장 가서 저 사기꾼을 잡아오너라! 저 사기꾼은 스스로가 신의 아들이라고 주장하고 있지만, 모두 거짓말이다!"

펜테우스 왕의 친구들과 고문관들은, 신과 맞서려고 하지 말라고 그를 말렸다. 하지만 펜테우스 왕은 그들의 말을 듣지 않았다. 오히려 디오니소스를 잡으려고 더욱더 날뛸 뿐이었다.

얼마 후, 디오니소스를 잡으러 갔던 신하들이 디오니소스의 신자 한 명을 잡아서 돌아왔다. 펜테우스 왕은 그에게 말했다.

"건방진 너희들에게 경종을 울리기 위해서라도 너를 처형하고 말겠다. 그 전에 너에게 물어볼 것이 있다. 네 이름은 무엇이고, 너희들의 새로운 의식이란 무엇이냐?"

그는 당당하게 펜테우스 왕을 바라보며 말했다.

"저는 마이오니아에서 태어난 아코이테스입니다. 저는 가업인 어부 일을 물려받아서 몇 년 동안 고기잡이를 했습니다. 그러나 한 곳에만 있어야 하는 것에 싫증을 느껴서, 수로 안내인의 일을 배웠습니다. 어느 날, 델로스로 향해 가던 중 디아 섬에서 잠시 쉬기로 했습니다. 그 다음 날, 식수를 뜨러 갔던 선원들이 아름다운 소년 한 명을 잡아왔습니다. 그 소년은 귀한 집안의 아들, 아니면 왕자님으로 보였거든요. 그러면 몸값을 두둑하게 받을 수 있으니까요. 그런데 저는 그 소년에게서, 인간에게서는 찾을 수 없는 모습이 있다는 것을 발견할 수 있었습니다. 그래서 선원들에게 말했습니다. '이 소년 안에 어떤 신이 숨어 있는지는 알 수 없다. 하지만 신이 깃들여 있다는 사실은 의심할 필요가 없다. 신이시여, 우리들의 무례함을 용서해 주시고, 우리의 축복을 빌어 주십시오.' 그러자 딕티스, 키잡이 메란토스, 지휘자 에포페우스 등이 입을 모아 외쳤습니다. '기도는 그만두고, 어서 저 소년을 배에 태우시오!' 그들은 욕심에 눈이 멀었던 것입니다. 나는 어떻게 해서든지 그들을 말리려고 했습니다. 그러나 리카바스는 저를 배 밖으로 내던지려고까지 했습니다. 저는 줄에 매달려서 겨우 목숨을 구할 수 있었습니다. 선원들은 아무도 저의 편을 들지 않았습니다. 그 때, 그 소년(디오니소스)이 외쳤습니다. '나를 어떻게 하려는 거예요? 왜 싸우는 거예요? 나를 어디로 데려가는 거예요?' 라고 소년이 말했습니다. '걱정하지 마라. 네가 가고 싶은 곳을 말하면 데려다 주겠다.' 하고 말했더니, '우리 집은 낙소스 섬에 있어요. 그 곳으로 데려다 주면 후하게 사례하겠어요.' 선원들은 나에게 낙소스 섬 쪽으로 배를 몰라고 했어요. 그래서 저는 배가 낙소스 섬이 있는 오른쪽으로 가도록 돛을 돌렸습니다. 그런데 얼마 후, 선원들은 나에게 왼쪽으로 돌리라고 신호를 보냈습니다. 디오니소스를 이집트에 노예로 팔려는 속셈이었거든요. '나는 그런 일에는 찬성할 수 없습니다. 당신들끼리 알아서 하세요.' 저는 그들의 말에 따를 수 없었습니다. 그러자 그들은 저에게 마구 욕을 하면서 다른 사람에게 돛을 맡겼습니다. 그제야 디오니소스는 선원들의 속셈을 알아차렸습니다. '이봐요. 나를 집에 데려다 주겠다고 하지 않았나요? 그런데 지금 어디로 가는 거예요? 내가 무슨 죄를 지었다고 이런 짓을 하는 겁니까?' 저는 그의 말을 듣고 울음을 터뜨리고 말았습니다. 그들은 우리를 보고 마구 비웃으며 속도를 올리더군요. 그런데 갑자기 놀라운 일이 일어났습니다. 바다 한가운데에서 배가 우뚝 서 버린 것입니다. 선원들은 배를 움직이려고 노를 잡아당기기도 하고, 돛을 더 펴기도 했습니다. 그러나 무거운 열매가 달린 담쟁이덩굴이 노를 휘감고, 돛에도 달라붙었습니다. 배 안에 포도열매가 주렁주렁 열리고, 어디에선가 피리 소리가 들리면서 술냄새가 향기롭게 풍겨왔습니다. 디오니소스는 포도잎으로 만든 관을 쓰고, 담쟁이덩굴이 엉킨 창을 들고 서 있었습니다. 그의 발밑은 호랑이가 지키고 있고, 그 주위에서는 스라소니와 표범들이 뛰어놀고 있었습니다. 선원들은 모두 어리둥절해 있었는데, 몇 명은 정신을 놓고 바닷속으로 뛰어들기도 했습니다. 그들의 뒤를 따르려던 사람들은 놀라운 광경을 보게 되었습니다. 물에 뛰어든 사람들의 몸이 넓적해지고, 구부러진 꼬리가 나는 것이었습니다. 말을 하려던 사람은 입이 찢어지고, 콧구멍이 넓어지고, 온몸이 비늘로 덮였습니다. 노를 저으려던 사람은 손이 오그라들고, 지느러미로 변했습니다. 줄을 잡으려던 사람은 손이 사라졌습니다. 그가 바닷속으로 뛰어들자, 다리는 초승달처럼 구부러진 꼬리가 되었습니다. 선원들이 모조리 돌고래가 되었던 것입니다. 돌고래가 된 선원들은 배 주위에서 헤엄쳐 다녔습니다. 물 위로 솟기도 하고, 바닷속으로 가라앉기도 했습니다. 물보라를 일으키기도 하고, 넓은 콧구멍으로 물을 뿜기도 했습니다. 열두 명의 선원 중에서 저만 남게 되었습니다. 디오니소스는 저를 안심시켜 주었습니다. '걱정하지 말고 배를 낙소스로 돌리시오.' 얼마 후 낙소스에 도착하자, 저는 디오니소스 신의 제사를 올렸습니다."

아코이테스의 말이 끝나자, 펜테우스 왕이 소리쳤다.

"이따위 말을 듣느라 너무 많은 시간을 허비했구나. 어서 저놈을 처형하라!"

펜테우스의 부하들은 아코이테스를 감옥에 가두었다. 그런데 그들이 처형을 준비하는 동안 감옥문이 스르르 열렸다. 그리고 아코이테스의 손과 발을 묶었던 쇠사슬도 풀렸다.

"아코이테스가 사라졌습니다!"

그런데도 펜테우스 왕은 디오니소스를 사기꾼이라고 믿었다. 그래서 그는 직접 제전이 이루어지는 곳으로 갔다.

키타이론 산은 신자들로 가득 메워졌고, 박카이들의 기도 소리가 울려퍼지고 있었다.

"한심한 것들!"

펜테우스 왕은 숲을 지나 넓은 벌판으로 나아갔다. 그 곳에서는 부인들이 모여서 기도를 드리고 있었다.

그 때, 디오니소스에 의해서 장님이 된 펜테우스 왕의 어머니 아가우에가 소리쳤다.

"저기 산돼지가 있다! 어서 저 괴물을 잡자! 여러분! 내가 제일 먼저 못된 산돼지를 잡겠습니다."

아가우에의 뒤를 따라 부인들이 그에게 몰려들었다. 그는 부인들 앞에 고개를 숙이고, 자신을 용서해 달라고 빌었다. 하지만 성난 사람들을 막을 수는 없었다.

"어머니, 이모님들! 저를 똑바로 보세요. 펜테우스입니다. 잘 보세요!"

그렇지만 이미 이성을 잃은 사람들은 펜테우스에게 달려들어 상처를 입혔다. 그의 이모인 아우토노에와 이노가 그의 양팔을 잡아당겨 찢어 버렸다.

그 모습을 본 펜테우스의 어머니가 외쳤다.

"우리가 이겼다! 만세!"

이렇게 해서 디오니소스의 신앙은 그리스에 자리잡을 수 있었다.

오르페우스와 에우리디케

오르페우스는 아폴론과 무사이 여신의 하나인 칼리오페 사이에서 태어났다. 그는 아버지 아폴론에게서 리라를 연주하는 법을 배웠는데, 그가 리라를 연주하면 인간들뿐 아니라 짐승들도 순해져서 다가오고, 나무들은 그에게 가지를 늘어뜨리고, 딱딱한 암석들은 연주를 듣는 동안은 말랑말랑해졌다.

오르페우스는 아름다운 에우리디케를 아내로 맞이하게 되었다. 결혼식에 참석한 신들이며 사람들은, 아름다운 부부에게 축복을 내려 주었다. 그런데 결혼의 신 히메나이오스는 아무런 말도 하지 않는 것이었다.

"히메나이오스, 왜 가만히 있는 거예요?"

"나는 피곤해요. 아무것도 하고 싶지 않아."

히메나이오스는 귀찮은 표정으로 오르페우스와 에우리디케를 바라보았다.

게다가 히메나이오스의 횃불에서 연기가 나는 바람에, 오르페우스와 에우리디케는 눈물까지 찔끔찔끔 흘렸다.

그것이 바로, 두 사람의 결혼이 순탄치 못할 것이라는 징조였는지도 모른다.

결혼 후, 에우리디케는 친구들과 산책을 나가게 되었다. 그런데 숲길을 거닐던 에우리디케의 아름다운 모습을 보고, 양치기 아리스타이오스가 반해 버렸다.

"에우리디케, 나의 사랑을 받아 줘요!"

아리스타이오스는 계속 에우리디케에게 매달리며 추근거렸다. 그를 피하려던 에우리디케는 그만 뱀을 밟는 바람에 발을 물려 죽고 말았다.

"오, 나의 하나뿐인 사랑 에우리디케!"

오르페우스는 자신의 슬픔을 가득 담아 노래를 불렀다. 하지만 그것은 그의 슬픔을 없애 주지도, 에우리디케를 다시 살리지도 못했다.

'그래, 이런 쓸데없는 짓은 그만두자. 가서 에우리디케를 데려오는 거야.'

오르페우스는 직접 죽음의 나라에 가기로 했다. 그는 타이나로스 섬 옆에 있는 동굴을 통해서 죽음의 나라에 도착했다. 무시무시한 죽은 사람들 사이를 지나, 그는 하데스와 페르세포네 앞에 나아갔다. 그는 리라를 연주하면서 자신의 슬픈 사연을 노래했다.

"제 말씀 좀 들어 보세요. 저는 이곳의 비밀을 알아내려고 온 것도 아니고, 케르베로스와 힘을 겨루기 위해 온 것도 아닙니다. 사람들은 언젠가는 이곳에 와야 한다는 것을 알고 있습니다. 그렇지만 제 아내는 이곳으로 오기에는 너무나 젊습니다. 사랑이 저를 이곳으로 안내했습니다. 사랑은 우리 인간들을 지배하는 전능의 신입니다. 이곳에서도 마찬가지일거라 생각합니다. 제발 부탁드립니다. 제 아내 에우리디케를 다시 살려 주십시오. 사람들이 이곳으로 오는 데에는 일찍 가느냐 늦게 가느냐의 차이만 있을 뿐, 이곳으로 와야 한다는 사실에는 변함이 없습니다. 제 아내도 생명을 다한 후에는 이곳으로 올 것입니다. 제발 그때까지는 저의 곁에서 살 수 있게 도와주십시오. 저는 절대로 혼자 돌아가지 않겠습니다. 에우리디케를 살려 주시지 않는다면 저도 죽겠습니다. 죽은 두 사람을 앞에 두고 승리의 노래를 부르십시오."

오르페우스의 말이 끝나자, 죽은 자들은 눈물을 뚝뚝 떨어뜨렸다. 항상 목이 마른 탄탈로스는 잠시 물을 마시려는 노력을 멈추었고, 익시온은 수레바퀴를 멈추었다. 독수리는 프로메테우스의 간을 파먹는 일을 멈추었고, 다나오스의 딸들은 바구니로 물을 푸는 것을 멈추었다. 시시포스는 바위 위에 앉아 노래를 들었으며, 처음으로 복수의 여신들의 양 볼이 눈물로 젖었다.

하데스와 페르세포네는 오르페우스의 부탁을 들어주기로 했다.

"오르페우스, 네 부탁을 들어주겠다. 하지만 한 가지 지켜야 할 것이 있다. 지상에 도착할 때까지 에우리디케를 돌아보아서는 안 된다. 이 것을 지키지 않으면, 너희 둘은 함께 있지 못할 거야. 알았느냐?"

"고맙습니다. 이 은혜 잊지 않겠습니다."

잠시 후, 에우리디케가 나타났다. 그녀는 다리를 절뚝거리고 있었다. 오르페우스와 에우리디케는 손을 꼭 잡고 앞으로 나아갔다.

"에우리디케, 잘 따라오고 있지?"

"네, 걱정 말고 앞만 봐요."

지상의 나라로 나오는 출구까지 거의 왔을 때였다. 오르페우스는 에우리디케가 걱정되어서 견딜 수가 없었다. 그는 하데스의 말을 잊고 뒤를 돌아보았다. 그러자 에우리디케는 다시 죽음의 나라로 빨려들어갔다.

"에우리디케, 어서 내 손을 잡아! 절대 보낼 수 없어!"

그렇지만 손 끝에는 아무것도 닿는 것이 없었다. 두 번째로 죽으면서도 에우리디케는 오르페우스를 원망하지 않았다. 아내가 너무나 보고싶어서 그랬다는 것을 알기 때문이었다. 그리고 에우리디케는 죽음의 나라로 모습을 감추었다.

오르페우스는 그녀를 따라가려고 했다.

"어서 나를 건너게 해 주세요, 네?"

그는 스틱스 강의 뱃사공에게 부탁했다. 그렇지만 뱃사공은 오르페우스를 떼밀며 무정하게 가 버렸다. 오르페우스는 일주일 동안 먹지도 자지도 않고, 스틱스 강가에 앉아 있었다. 그는 죽음의 나라의 매정한 신들을 원망하며 노래를 불렀다.

그 후 오르페우스는 에우리디케만을 생각하며 지냈다. 트라키아의 아가씨들이 오르페우스의 마음을 사로잡으려고 애썼지만, 소용없는 일이었다. 아가씨들은 오르페우스의 거만함에 화가 났지만, 언젠가는 변할 거라 믿고, 때가 오기를 기다렸다.

그러던 어느 날, 트라키아의 한 아가씨가 오르페우스의 마음은 절대 변하지 않을 거라는 사실을 깨닫게 되는 사건이 있었다. 그녀는 디오니소스의 제전에서 갑자기 소리쳤다.

"저기 우리를 무시하고 모욕한 사내가 있다!"

흥분했던 그녀는 오르페우스에게 창을 던졌다. 그러나 창은 리라 소리가 들리는 곳에 이르자, 힘을 잃고 그대로 오르페우스의 발밑에 떨어졌다. 다른 아가씨들이 돌을 던졌지만 모두 마찬가지였다. 아가씨들은 크게 소리를 지르며 오르페우스에게 돌을 던졌다. 리라 소리가 들리지 않게 되자, 돌은 오르페우스의 몸으로 그대로 날아갔다. 오르페우스는 그렇게 목숨을 잃고 말았다.

무사이 여신들은 갈갈이 찢긴 오르페우스의 몸을 모아서 레이베트라에 묻었다. 오르페우스의 무덤 위에 있는 꾀꼬리의 울음소리는 다른 지방의 꾀꼬리 울음소리보다 더욱 아름답다고 한다.

죽음의 나라로 내려간 오르페우스는 에우리디케를 만나 행복한 나날을 보내고 있다고 한다.

오 리 온

아름다운 거인 오리온은 포세이돈의 아들이었다. 포세이돈은 오리온에게 바닷속을 걸어갈 수 있는 능력을 주었다. 오리온은 키오스 섬의 오이노피온 왕의 딸 메로페를 사랑했다.

"메로페, 내 선물이에요. 받아 줘요."

그것은 그 섬에 있는 야수였다.

오리온은 자신보다도 더욱더 메로페를 사랑했지만, 오이노피온 왕은 결혼을 허락하지 않았다.

"허락하지 않으셔도 메로페와 결혼하겠습니다!"

화가 난 오리온은 메로페를 데려가려고 했다. 그러자 오이노피온 왕은 오리온에게 술을 먹인 후, 두 눈을 뽑아서 바다에 버렸다.

앞이 보이지 않게 된 오리온은, 외눈박이 키클롭스의 망치 소리를 따라 렘노스 섬에 도착했다. 그 곳에는 헤파이스토스의 대장간이 있었다. 오리온을 발견한 헤파이스토스는 직공 케달리온을 불렀다.

"케달리온, 오리온을 아폴론에게로 데려다 주거라!"

오리온은 케달리온을 어깨에 메고, 아폴론이 있는 곳으로 갔다. 아폴론은 자신의 빛으로 오리온이 다시 앞을 볼 수 있게 해 주었다.

그 후, 오리온은 아르테미스와 함께 사냥을 하며 지냈다. 아르테미스는 오리온을 무척 좋아했다. 주위에서는 모두 아르테미스가 오리온과 결혼할 것이라고 믿고 있었다.

"절대 그럴 수 없지!"

아폴론은 둘의 결혼을 허락할 수 없었다.

어느 날, 아폴론은 오리온이 바다 위로 머리만 내놓고 걸어가는 것을 보았다.

'옳지! 좋은 생각이 있다.'

아폴론은 아르테미스를 불러 말했다.

"아르테미스, 저 바다 위에 검은 것이 보이니? 네 솜씨로는 그것을 맞힐 수 없을 거야! 하하하!"

"뭐라고? 내가 어떻게 하는지 두고 봐!"

아르테미스는 검은 물체를 향해 화살을 쏘았다. 오리온은 그렇게 목숨을 잃고 말았다.

오리온의 시체는 바닷가로 떠밀려 왔다.

"오리온, 내 손으로 오리온을 죽였단 말인가……."

슬픈 마음을 감추지 못하던 아르테미스는, 오리온을 하늘로 올려 별자리로 만들어 주었다. 밤하늘을 올려다보면 사자 모피를 몸에 두르고, 허리띠를 하고, 손에는 칼과 곤봉을 쥔 오리온의 모습을 볼 수 있다. 그리고 오리온의 뒤에는 사냥개 세이리오스가 따르고, 앞에는 플레이아데스가 도망치고 있다.

플레이아데스는 아틀라스의 딸들인데, 아르테미스의 시중을 드는 님프들이었다. 어느 날, 오리온이 플레이아데스에게 반해 따라다녔다.

"신들이시여, 저희의 모습을 바꿔 주세요!"

제우스는 그녀들을 비둘기로 변하게 해서 별자리로 만들어 주었다. 그런데 그 별자리는 처음에는 일곱 개였는데, 지금은 여섯 개밖에 보이지 않는다. 왜냐하면, 님프 중 하나인 엘렉트라가 그 자리를 떠났기 때문이다. 그녀는 트로이가 함락되는 것을 보고 싶지 않았던 것이다. 트로이는 그녀의 아들 다르다노스가 세운 도시였다.

트로이가 함락되는 것을 지켜보고 마음이 상했던 엘렉트라의 자매들은 모두 창백한 얼굴을 하고 있었다.

작품 알아보기
(장편문학)

〈그리스 · 로마 신화〉는 천지 창조에 관한 이야기, 자연 현상, 신들의 이야기나 영웅들의 전설 등이 고대인들의 세계관에 의해 설명된 것으로, 기독교 신앙과 함께 서양 문화의 중요한 바탕을 이루고 있다.

다양한 비유와 상징으로 이루어진 〈그리스 · 로마 신화〉는 전해지는 과정에서 여러 가지로 해석되거나, 그 내용이 변형되기도 하였다.

'우주의 기원은 어디에서 비롯되는 것인가? 인간은 어떤 존재인가?' 고대 그리스 인들의 이러한 물음과 호기심에 대한 해답이 바로 〈그리스 · 로마 신화〉라고 볼 수 있다.

아무것도 존재하지 않는 혼돈의 상태(카오스)에 질서(코스모스)가 생기면서 우주는 비로소 형태를 잡아 가게 된다. 티탄들이 쥐고 있던 권력이 신들의 왕 제우스에게로 옮겨 가면서, 〈그리스 · 로마 신화〉의 화려한 막은 오르게 된다.

〈그리스 · 로마 신화〉에는 수많은 신들과 영웅들이 등장하지만, 그중에서 특히 이야기의 축을 이루는 인물들은 바로 올림포스의 12신이다.

최고의 권력자 제우스를 비롯하여 신성한 결혼의 여신 헤라,

작품 알아보기
(장편문학)

바다의 신 포세이돈, 사랑과 미의 여신 아프로디테, 태양과 궁술의 신 아폴론, 달과 사냥의 여신 아르테미스, 정의로운 전쟁의 신 아테나, 땅과 곡식을 관장하는 데메테르, 대장장이 신 헤파이스토스, 제우스의 심부름꾼 헤르메스, 화로와 불씨의 여신 헤스티아 등이 바로 그들이다. 그 외에도 인간에게 불을 훔쳐다 준 프로메테우스, 헤라클레스의 열두 가지 모험, 황금 양털을 찾아 떠나는 이아손의 활약상 등도 빼놓을 수 없는 재미를 제공한다.

〈그리스 · 로마 신화〉가 오늘날의 문화 예술 전반에 중요한 영향을 미치는 것은, 그것이 시대와 민족을 초월한 보편적인 인간 정서를 담아 내고 있기 때문일 것이다.

논술 길잡이
(장편문학)

❶ 아래 그림은 판도라가 제우스로부터 선물 받은 상자의 뚜껑을 여는 장면이다. 이러한 판도라의 호기심이 어떠한 결과를 불러왔는지 논술해 보자.

....
....
....
....
....

논술 길잡이
(장편문학)

❷ 다음 내용은 아폴론의 사랑을 거부하던 다프네가 월계수로 변해 가는 과정을 묘사한 것이다. 이 같은 비극이 발생하게 된 원인은 무엇인지 아폴론을 중심으로 써 보자.

다프네의 말이 끝나기도 전에, 다리는 점점 굳어지고 무릎 위에서부터 가슴까지 나무껍질이 친친 감기기 시작했다. 바람에 휘날리던 아름다운 머리카락은 나뭇잎으로, 가냘픈 두 팔은 나뭇가지로, 재빨리 달리던 두 다리는 나무 뿌리가 되어 땅 속으로 들어갔다. 다프네는 월계수 나무가 되고 말았던 것이다.

논술 길잡이
(장편문학)

❸ 제우스와 헤라의 성격을 각각 분석해 보고, 이들이 갈등을
일으키게 되는 주요 원인은 무엇인지 써 보자.

① 인물의 성격

제우스 :

헤   라 :

② 갈등의 원인 :

논술 길잡이
(장편문학)

❹ 밤하늘로 올라가 별자리가 된 신이나 인간들의 이야기를 떠올려 보고, 그 중에서 가장 인상 깊었던 장면을 그림으로 그려 보자.

❺ 파에톤은 아버지의 태양 마차를 타고 하늘을 날게 된다. 그러나 결국 제우스의 번개에 맞아 죽고 만다. 이 이야기가 우리에게 주는 교훈은 무엇인지 써 보자.

논술 길잡이
(장편문학)

❻ 아래 그림은 아폴론에 의해 당나귀 귀를 가지게 된 미다스 왕의 이야기다. 이와 비슷한 이야기를 〈삼국유사〉에서 찾아 보고, 공통점과 차이점을 써 보자.

공통점 :
....
....

차이점 :
....